· 广西教育科学"十四五"规划 2023 年度重点课题《广西壮族传统体育的育人价值挖掘与教育转化研究》研究成果（课题编号：2023A055）

广西壮族传统体育
育人价值与教育转化研究

梁政东　李俊果　著

郑州大学出版社

图书在版编目（CIP）数据

广西壮族传统体育育人价值与教育转化研究 / 梁政东，李俊果著. -- 郑州 ： 郑州大学出版社，2025. 4.
ISBN 978-7-5773-0988-0

Ⅰ. G852.9

中国国家版本馆CIP数据核字第2025R1R410号

广西壮族传统体育育人价值与教育转化研究

GUANGXI ZHUANGZU CHUANTONG TIYU YUREN JIAZHI YU JIAOYU ZHUANHUA YANJIU

策划编辑	郜 毅		封面设计	书仙传媒
责任编辑	李丛聪		版式设计	书仙传媒
责任校对	张若冰		责任监制	朱亚君

出版发行	郑州大学出版社		地　　址	河南省郑州市高新技术开发区长椿路 11 号（450001）
出 版 人	卢纪富			
经　　销	全国新华书店		网　　址	http://www.zzup.cn
印　　刷	郑州市今日文教印制有限公司		发行电话	0371-66966070
开　　本	787 mm×1 092 mm　1 / 16			
印　　张	10.75		字　　数	196 千字
版　　次	2025 年 4 月第 1 版		印　　次	2025 年 4 月第 1 次印刷

书　　号	ISBN 978-7-5773-0988-0		定　　价	58.00 元

本书如有印装质量问题，请与本社联系调换。

前　言

　　在全球化与现代化的浪潮中，民族文化的传承与发展成为社会各界关注的焦点。作为中华民族多元一体文化格局中的重要组成部分，广西壮族传统体育不仅是壮族人民历史智慧的结晶，也是其民族精神、文化特质和生活方式的生动体现。然而，随着现代化进程的加速，外来文化的冲击使得许多优秀的民族传统体育项目面临着被边缘化甚至失传的风险。因此，深入挖掘广西壮族传统体育的育人价值，探索其教育转化的有效途径，对于促进民族文化的传承与发展、增强民族自信心与凝聚力、推动体育教育事业的创新发展具有重要意义。

　　本书以广西壮族传统体育为研究对象，旨在通过系统梳理和分析其独特的文化内涵、表现形式及育人价值，探索其在现代教育体系中的转化与应用策略。首先，广西壮族传统体育蕴含着丰富的育人资源，如团结协作、勇于挑战、尊重传统等价值观，这些正是当代社会所倡导的核心素养和道德品质。因此，挖掘其育人价值，不仅能够为青少年学生提供多样化的教育资源，还能在潜移默化中培养他们的民族认同感和文化自信心。其次，教育转化是实现民族传统体育传承与发展的重要途径。通过将广西壮族传统体育融入学校体育教学、课外活动及校园文化建设中，可以使其更加贴近学生的生活实际和兴趣需求，从而提高学生的参与度和接受度。最后，结合现代教育理念和技术手段，对传统体育项目进行改造和创新，使其更加符合现代教育的要求和规律，进一步拓展其教育功能和价值。

　　本书将从多个维度对广西壮族传统体育的育人价值进行挖掘与阐述，包括其在身体锻炼、心理素质培养、道德品质塑造等方面的积极作用。同时，还将深入分析教育转化的必要性和可行性，探讨如何将传统体育元素与现代教育元素有机融合，构建具有民族特色的体育课程体系和教学方法。在研究方法上，我们将采用文献资料法、问卷调查法、访谈法等多种研究方法相结合的方式，对广西壮族传统体育的历史渊源、发展现状、育人价值及教育转化策略进行全面而深入的调查与分析。通过实地调研和案例分析，收集大量第一手资料和数据，为研究的科学性和准确性提供有力支撑。

　　本书不仅具有重要的学术价值，还具有重要的实践意义。旨在为广西乃至全国范围内的民族传统体育传承与发展提供有益的参考和借鉴，为体育教育事业的创新发展注入新的活力和动力。同时，也期待通过本书的成果展示，引起社会各界对民族传统体育传承与发展的广泛关注和支持，共同推动中华优秀传统文化的繁荣与发展。

本书是广西教育科学"十四五"规划 2023 年度重点课题《广西壮族传统体育的育人价值挖掘与教育转化研究》（编号：2023A055）的研究成果，在撰写和调研过程中，得到柳州铁道职业技术学院周澜教授、欧阳意教授、曾文军副教授、田阳壮族狮舞代表性传承人李永茂师傅和李洲文师傅、广西电力职业技术学院陈宇亮博士、广西中医学校王振亚老师、南宁市沛鸿民族中学姚敦瀚老师、柳州市阳和工业新区古亭山小学何继英书记、梁静澜老师、罗贤老师的大力支持、点拨和帮助，在此表示真挚的感谢。鉴于作者水平有限，书中难免存在不足之处，恳请广大读者批评指正。

著者

2024 年 8 月

目　录

第一章　导论

壮族人民在历史的积淀中衍生出了特有的民族性格和文化价值观，其中壮族的民间文化和信仰当中的勤劳务实、顽强坚韧、爱国精神、和谐理念和包容品格具有无可替代的育人价值。在学校教育实践中，少数民族传统体育与教育育人融合中还存在诸多短板和瓶颈，这些问题阻碍着落实学校立德树人根本任务。"少年智则国智，少年富则国富，少年强则国强，少年进步则国进步。"如何在新时代背景下，破解少数民族传统体育与教育育人融合发展过程中的瓶颈问题，坚定文化自信与弘扬民族精神，发挥体育的育人价值，补齐青少年学生体质发展的短板，提升大学生抗挫折与压力的能力，完成"培养德智体美劳全面发展的社会主义建设者和接班人"根本任务，成为当下最迫切的研究课题。

第一节　研究背景

壮族是我国少数民族中人口最多的民族之一。2021年5月，据第七次全国人口普查数据显示，广西常住人口为5 013万，其中壮族人口1 572.2万，占31.36%。壮族人口主要分布在广西的南宁、柳州、崇左、百色、河池等区域。壮族是一个历史悠久的民族，在千百年的历史发展中，生活在祖国南疆广袤的土地上的壮族人民，不仅为开拓南疆土地、缔造和发展中国统一的多民族国家做出了贡献，还创造了丰富多彩及富有特色的物质与文化，其中包括具有民族特色的壮族传统体育。具有2 000多年历史的广西左江花山岩画上就发现以铜鼓为题材的诸多图像，其中蕴含着体操的队形队列与阵型的变化、壮族体育舞蹈、壮族武术、壮族军事体育、壮族划龙舟、壮族投绣球等形式多样的体育活动，可以说蕴含了壮族体育文化的雏形。1980—2011年广西先行试点和抢救濒危传统体育文化，挖掘整理11个世居少数民族传统体育项目 146 个，并纳入《中华民族传统体育志》，在非物质文化遗产法规实施推动下，广西田阳壮族狮舞、藤县狮舞等项目成功申报国家级非物质文化遗产名录，促进了广西各族人民对本民族文化认知、珍视与自觉保护行动。习近平总书记就中国传统文化传承指出："要处理好继承和创造性发展的关系，重点做好创造性转化和创新性发展。"近些年广西出台多项举措，促进民族传统体育的发展。如 2020 年颁布《广西壮族自治区人民政府办公厅关于进一步加强少数民族传统体育工作的实施意见》（桂政办发〔2020〕112 号）、2017 年至今的广西壮族三月三·民族体育炫赛事开展、广西高校少数民族传统体育学科专业建设和人才培养、少数民族传统体育竞赛活动等百花齐放。如广西民族大学"民族传统体育"被评为广西精品课程，柳州铁道职业技术学院"体育专项——舞龙舞狮"被评为自治区课程思政示范课程，河池学院开设了独具民族特色的"独竹漂"体育课程等。如今，在中华民族伟大复兴的新时代，壮族传统体育传承与发展又一次焕发巨大的精神动力，鼓舞着八桂大地人民的文化自信，彰显着文化自觉，推动着广西人民的文化自强。壮族人民在历史的积淀中衍生出了特有的民族性格和文化价值观，其中壮族民间文化和信仰当中的勤劳务实、顽强坚韧、爱国精神、和谐理念和包容品格具有无可替代的育人价值。这些价值可以引领校园学生的教育，让他们培养中华民族的民族情感、弘扬中华民族的民族精神、塑造中华民族的民族形象；发挥体育的育人价值，补齐青少年学生体质发展的短板，提升大学生抗挫折与压力的能力，培养团队精神。在文化育人价值的驱动下，构建广西壮族传统体育的育人价值资源库与教育同频共振，提炼育人价值转化的内涵与成果，构建广西壮族传统体育的育人价值挖掘与教育转化路径，弘扬壮族勇敢善良、拼搏进取的人文精神，为壮美广西坚定文化自信、加快推进民族文化强区建设起到抛砖引玉的作用。

第二节　研究的价值与意义

一、研究价值

（一）丰富已有的壮族传统体育与教育融合发展理论体系

通过对壮族传统体育与教育融合发展研究，以体育学、民族学、教育学等跨学科理论和最新的相关研究成果，对壮族传统体育与教育融合发展问题进行理论探讨，有助于拓宽壮族传统体育与教育融合发展研究的理论体系。

（二）揭示壮族传统体育与教育融合发展的一般规律

通过对壮族传统体育与教育融合水平分析，归纳出影响壮族传统体育与教育融合发展的因素。

二、研究意义

（一）有助于教育部门制定和调整相关政策

通过大量的调查和对壮族传统体育与教育融合研究，发现问题并提出解决问题的方案。同时，通过对壮族传统体育与教育融合发展的形成机理进行分析，落实立德树人根本任务，促进大学生全面发展。

（二）有利于为民族地区壮族传统体育教育实践者提供指导

本课题属于综合性研究，旨在提出可参考的育人对策。通过对壮族传统体育与教育融合发展的路径设计，提出壮族传统体育对大学生的思想道德、意志品质、心理素质、团队精神产生的深层教育价值与影响因素。

（三）有利于补齐我国壮族传统体育与教育融合发展的短板

民族地区教育是我国教育发展的短板，只有推进民族地区教育质量发展，促进民族地区学生身心健康，推动补齐我国教育质量发展的短板，才能更好地发展学校教育，助力我国体育与教育双循环格局的实现。

第三节　研究对象及概念界定

一、研究对象

具体以广西柳州市、百色市、河池市等地域内开展壮族传统体育的学校等为调研对象，调查项目主要有：壮拳、壮族舞狮、抛绣球、板鞋竞技、竹竿舞等。研究广西壮族传统体育对大学生的思想道德、意志品质、心理素质产生的影响，使育人价值在大学生身上内化于心，外化于行，实现育人价值的有效转化。

二、概念界定

本研究的关键概念有：壮族传统体育、育人价值、教育转化。下面对这些关键概念进行简要说明和界定。

（一）壮族传统体育

壮族作为一个有着悠久历史文化的民族，在千百年的历史发展中，创造形成了灿烂悠久的文明史。壮族人民在农耕实践中顺应本民族生存的自然环境和生活条件，形成了多元且具有浓郁民族特色的传统体育文化。壮族传统体育主要有板鞋竞速、抛绣球、竹竿舞、壮拳、壮族狮舞、蚂拐舞、打扁担、抢花炮等。可以说这些壮族传统体育项目反映了壮族的民族心理、民族个性、民族交往，折射出壮族人民特有的价值观与文化观。

（二）育人价值

育人价值是指由教育的特殊属性所决定的对于满足人的发展需要的价值。育人价值的主体为"人"，客体为"教育"，主要内容为"人的发展"。在新时代背景下，体育工作者肩负着提高孩子们身心健康的任务，如何挖掘体育中所蕴含的价值，受到教育研究者们的关注。学校层面，壮族传统体育的育人价值体现在勇敢顽强、艰苦奋斗的开拓精神；热爱生活、崇尚和谐的人生态度；尊重他人、团结协作的集体精神，这些精神对于提升学生心理健康、提高身体素质、塑造道德品质等方面具有积极引导作用。

（三）教育转化

从体育学的视角，教育转化是指通过体育教育的方法和手段，使学生在校园内得到体育知识技能的同时，培养良好的品德、人格，以适应社会发展的需要。教育转化从多个角度来看都是十分重要的。在教育转化的发展过程中，我们需要注重三点：一是通过壮族传统体育的育人本质，引导学生自主创新和独立思考。二是通过壮族传统体育的开展，注重校园文化的建设，构建一个和谐、友爱，师生关系融洽的校园文化。三是注重壮族传统体育的实践与应用，培养学生掌握体育知识的能力和实践能力，培养学生德智体美劳全面发展的品质。

第四节 国内外研究评述

一、国外研究现状

在国外，没有壮族传统体育的概念，由于此概念在中国和西方国家存在明显的差异，现将搜索文献的关键词具体到国外各国起源的体育项目进行研究。主要分为三类：第一，集中于其运动的运动损伤、健康及预防。Sheikh A, Ali SA, Saleem A, Ali S, Ahmed SS.（2013）以南非对板球的观点为研究对象，对参加板球而造成身体的影响进行分析，认为其虽起源于英国，但在南非却被视为宗教，由于运动引起的情感依恋的强度，对参与者的健康亦带来弊端。第二，从历史的角度对其起源进行分析研究。Jeong Deok Ahn, Suk ho Hong, Yeong Kil Park（2009）对韩国传统武术的历史和文化特征进行分析，分别从选择中心论、宽中心论、空手道流入理论和传统武术理论四个角度来考察韩国武术跆拳道的起源，认为传统并不是孤立的或停滞的，而是在不断变化的社会文化环境中创造和改造的。第三，对本国传统体育在学校的发展进行研究。Michael T. Ganci（1984）对传统空手道在学校计划的组成部分进行分析和罗列，得出健美操（热身操）、基本技术、协调练习及空手道形式等十个程序，认为这些程序能够灵活使用，就能使学生成功的参与空手道课程。

二、国内研究现状

（一）关于体育教育的育人价值研究

在体育教育的育人价值相关研究中，研究存在一个共同的出发点——以人为本。体育教育是教育的组成部分，教育行为的实施群体和作用群体都是有生命的个体，也就是人。研究热点集中在两个方面。第一，从体育教育的作用出发，探究体育课程的育人路径，其中重要的一点，就是体育文化育人。闫晓明、陈杰以全面育人视角，分析了高校体育教学改革的价值，认为体育教师综合素养的不足、教学模式的落后、育人氛围的缺乏及教学评价体系的不完善等都使体育教学无法有效发挥育人作用，以此提出发展对策。董翠香等人探讨了高校体育专业课程思政建设情况，认为重知识技能传授，轻价值观培育，提出从教学目标引领、教学目标衔接、教学过程贯穿、课程评价落实等方面开展专业课程思政建设。第二，结合目前我国学校体育教育中出现的人文精神的缺失的现实情况，分析体育教育中人文精神构建的重要性，进而论述体育课程发挥育人价值的必要性。陈克正阐释了新时代高校"体育+思政"协同融合育人体系问题，认为强化"体育+思政"协同融合育人支撑以此构建育人体系问题。张松奎、李丽指出体育教育的终极指向是培育完满和谐的生命体，强调了学校体育教育理应回归育人的本质。

（二）壮族优秀传统文化育人价值研究

现阶段学术界对壮族文化的研究数量较多，得出的结论也比较丰厚。梁庭望、黄懿陆、黄桂秋等人对于壮族文化的研究主要集中在对壮族文化的内涵以及内容进行分析与探索、认识壮族文化的特点上。罗汉光、何宗辉、颜文梅等学者对壮族文化的价值进行深入探索。李雪玲、王庆、覃德清对壮族文化的发展方式及传播途径进行分析与探究。

（三）关于壮族传统体育的价值与功能研究

壮族传统体育是伴随着壮族人民生产与生活实践而发展起来的一种民族体育文化形态，主要项目有壮拳、壮族舞狮、抛绣球、板鞋竞技、壮族蚂拐舞、打扁担、芭芒燕、磨秋、踩风车、竹竿舞等。董必凯对广西花山岩画蕴涵的壮族传统体育文化及其现代传承发展做了研究，认为花山岩画图像中的原始武舞体现了鲜明的体育运动元素与规律，可以通过景区建设、民族体育旅游等多种途径进行传承发展；唐元超、蒋东升、黄书朋分析了民族传统体育发展是一种"文化诉求"的变迁。民族传统体育经历近代危机与"开眼看世界"的博弈后，在现代社会变迁中陷入"文化不适性"泥淖。韦丽春对板鞋舞的健身娱乐价值和文化特征进行了分析。黄东教研究了壮族传统体育文化，认为其包含生存环境之延、人文根脉之寄、文化互嵌之择等特征，形成了生活式、保护式、传播式、经济式、培育式等基本传承范式。

（四）研究评述

1. 对壮族传统体育文化的概念有一个明确的界定，形成了较为完整的理论体系，为本课题的研究提供了理论支撑。

2. 在已有的关于壮族传统体育的育人价值与功能发展方面，有学者运用社会学与民族学的理论提出一些发展的思路，但对壮族传统体育的育人价值与教育转化功能融合发展评价不足，难以找准壮族传统体育的价值与功能融合发展的着力点。

3. 已有的研究中，分析文化层面的领域视角研究较多，但文化会产生育人价值，尤其是深刻挖掘与厘清壮族传统体育的育人价值是什么，这些教育价值为何转化、如何转化和转化成什么等问题缺乏更深沉思考。

基于此，本书研究立足于马克思主义的基本立场，以思想政治教育与体育教育结合为切入点，从文化育人的思路出发探索壮族传统体育的育人价值及其实现路径，对促进新时代思想政治教育文化育人目标的实现有一定的帮助。

第五节　研究思路与方法

一、研究思路

从课程思政的角度切入，遵循教书育人和学生成长规律，以壮族传统体育原则为指导，运用调查法等研究方法，以广西壮族传统体育为研究对象，选取广西柳州市、百色市等地域内开展壮族传统体育的学校为调查范围，研究广西壮族传统体育对学生的思想道德、意志品质、心理素质、团队精神产生的影响，使育人价值在学生身上内化于心、外化于行，实现育人价值的有效转化。以教育理论、民族学、社会学等交叉学科的相关理论为依据，紧紧围绕研究主题，具体研究思路如下。

第一，对广西壮族传统体育的育人价值挖掘与教育转化的关联、问题研判的研究。基于思想政治教育文化目标论，分析广西壮族传统体育的项目、功能、价值、特征、开发潜力和教育发展环境，价值是对转化什么、为何转化、如何转化和转化成什么等问题进行思考，归纳和提炼可持续融合发展的切入点和关键点。

第二，对广西壮族传统体育开展现状的研究。运用文献收集和数据采集、实地调研等方式梳理广西壮族传统体育现状、面临的挑战，找准育人机制、教育转化发展的堵点和短板，具体从广西壮族传统体育开展概况及其节日现状、广西学校开展壮族传统体育现状调查等方面开展实施。

第三，对广西壮族传统体育的育人价值挖掘与教育转化实践的研究。以校园融合、人才融合、社团融合、第二课堂、班级建设等维度，从人文底蕴、科学精神、健康生活、责任担当、实践创新等元素，以"壮族传统体育"为载体开展互动式、沉浸式、体验式教育教学，将壮族传统体育优秀的教育价值融入鲜活故事中，把静态的素材转化为生动的音视频，用学生喜闻乐见的形式把内容讲生动、讲形象、讲精彩，于无声中润心启智，从感性共鸣走向理性认同。

第四，对广西壮族传统体育的育人价值挖掘与教育转化发展的实现路径的研究。从政策引导与资源整合、课程体系构建与教学方法创新、师资队伍建设与培训、文化传承与社区参与、评估与反馈机制建立等指标构建广西壮族传统体育的"壮族体育传承—价值挖掘—教育转化"等多目标一体化的协调发展路径。

二、研究方法

（一）文献资料法

通过图书馆、中国知网、民委系统、体育系统等查阅、收集、整理有关广西壮族传统体育的育人价值挖掘与教育转化等方面的专著、论文等。

（二）口述法

采用结构式访谈和无结构式访谈相结合的方法，围绕广西田阳壮族狮舞技艺活态传承现状、影响因素等内容，对国家级非物质文化遗产传承人—壮族舞狮李永茂师傅、李洲文师傅进行访谈，深刻挖掘壮族传统体育的价值内涵，以及它的内涵如何在学校进行教育转化。坚定文化自信与弘扬民族精神，发挥体育的育人价值，补齐青少年学生体质发展的短板，提升抗挫折与压力的能力。

（三）田野调查法

采用田野调查法、问卷调查法、个案研究方法相结合。田野调查法和问卷调查法：课题组分别在 2022 年 12 月、2023 年 11 月到广西田阳舞狮艺术团进行调研（图 1-1），对壮族传统体育在校园育人价值与教育转化机制的融合发展进行分析；通识课题组赴广西电力职业技术学院（图 1-2）、广西中医学校、柳州市阳和工业新区古亭山小学等学校调查壮族传统体育的开展情况。个案研究方法：以柳州铁道职业技术学院为个案，从学校空间育人价值、学校项目普及、学生的满意度、第二课堂、班级建设、学生活动场所等指标检验广西壮族传统体育的育人价值。

图 1-1　课题组赴田阳舞狮艺术团调研

图 1-2　课题组赴广西电力职业技术学院调研

（四）社会参与评估

采取小组焦点谈论、个人征求意见和评估量化指标体系等相结合的方式，重点对田阳舞狮艺术团对壮族传统体育活态传承的态度与文化认同价值、利益需求与诉求等进行分析；从壮族传统体育技艺活态传承发展的外部环境营造能力与内部生态文化环境营造能力、基础竞争力的资源禀赋、学生锻炼需求分析，构建广西壮族传统体育"校园发展—创新传承—共生效益"等多元化社会文化发展模式。

第二章 广西壮族传统体育的育人价值挖掘与教育转化内在关联

广西壮族传统体育是中华文化的重要组成部分，不仅展示了独特的地方风貌，还蕴含着丰富的育人价值。本章旨在深入分析广西壮族传统体育的育人价值，从多维度探讨其教育转化的必要性与可行性，并探索这些传统体育项目与教育目标之间的内在关联机制，为将传统体育有效融入教育体系提供理论支持和实践指导。

第一节 育人价值的多元维度

一、文化传承价值

（一）民族历史记忆的活态传承

广西壮族传统体育是民族传统体育的一部分，承载着丰富的历史记忆与民族智慧。这些体育活动，如抛绣球、板鞋竞速、竹竿舞等，不仅是简单的身体运动，更是民族历史、生活习俗、宗教信仰等多方面文化的综合体现。通过参与和传承这些体育活动，年轻一代得以直观地感受到祖先的生活方式、审美情趣和价值观念，从而在心中种下民族文化的种子。这种活态传承的方式，使民族历史记忆得以跨越时空的界限，生生不息地延续下去。

每一项传统体育活动都蕴含着特定的历史背景和文化故事。例如，抛绣球活动，据传起源于古代壮族青年男女间的爱情游戏，后逐渐演变为节日庆典中的重要项目。参与者通过抛接绣球，不仅锻炼了身体的协调性和反应能力，更在无形中传承了壮族人民对美好生活的向往和追求。这种传承不仅仅是技能的传递，更是民族精神的传递，让年轻一代在运动中感受到自己与民族历史的血脉相连。

（二）文化认同感的增强

在全球化和现代化的浪潮中，文化认同感成为维系民族团结和社会稳定的重要纽带。广西壮族传统体育作为民族文化的重要组成部分，对增强民族成员的文化认同感具有不可替代的作用。通过参与和学习这些体育活动，人们能够更加深入地了解本民族的文化传统和特色，从而增强对自己民族身份的认同感和归属感。

在参与传统体育活动的过程中，人们往往需要遵循一定的规则和礼仪，这些规则和礼仪正是民族文化的重要组成部分。通过遵守这些规则和礼仪，人们不仅能够培养自己的纪律性和自律性，更能在潜移默化中接受和认同本民族的文化价值观。另外，传统体育活动中所展现的团结协作、勇于拼搏等精神品质，也是民族文化的重要体现，能够激发人们的民族自豪感和自信心。

（三）传统体育文化的保护与弘扬

广西壮族传统体育文化是中华文化的重要组成部分，其保护与弘扬对于维护文化多样性、促进文化繁荣具有重要意义。随着现代化进程的加速，许多传统体育项目面临着失传的风险。因此，通过教育转化的方式将这些体育项目引入学校课堂和社会生活之中，不仅能为它们提供新的生存空间和发展机遇，更能引起社会各界对非物质文化遗产保护的关注和重视。

在教育转化的过程中，我们需要注重对传统体育项目的挖掘和整理工作。通过深入调研和实地考察等方式，了解这些体育项目的历史渊源、文化内涵和技艺特点等基本信息，并在此基础上进行适当的改编和创新以适应现代教育的需求。同时我们还需要加强师资力量的培养和教材建设等工作，确保这些体育项目能够得到有效传承和普及。

总之，广西壮族传统体育在文化传承方面具有不可替代的价值。这些体育项目不仅为年轻一代提供了丰富的文化体验和成长机会，更为民族文化的传承与发展注入了新的活力和动力。

二、身心健康价值

传统体育项目不仅能有效促进个体的体质锻炼与身体素质提升，还在心理素质培养、情绪调节以及传统医学养生等方面展现出独特的魅力。

（一）体育锻炼与身体素质提升

1. 全面促进身体健康发展

广西壮族传统体育项目种类繁多，涵盖了力量、速度、耐力、柔韧等多个方面的身体素质训练。例如，打陀螺需要良好的手腕力量和身体协调性，抢花炮则考验着参与者的爆发力和团队配合能力。这些运动不仅能够全面锻炼身体的各个部位，还能促进肌肉、骨骼、心肺等器官的发育和功能提升，为青少年的健康成长打下坚实的基础。

2. 增强身体免疫力

定期参与传统体育活动，能够有效提升个体的身体免疫力。在运动中，身体的血液循环加快，新陈代谢旺盛，有助于排出体内的毒素和废物，保持身体的清洁和健康。同时，运动还能促进淋巴细胞的增殖和活性，增强免疫细胞的杀伤能力，从而提高身体的抵抗力，减少疾病的发生。

（二）心理素质培养与情绪调节

1. 培养坚韧不拔的意志品质

传统体育项目往往具有一定的挑战性和难度，需要参与者在面对困难和挫折时保持坚定的信念和毅力。例如，在练习抛绣球时，初学者可能需要经过无数次的失败才能掌握技巧。这个过程不仅锻炼了参与者的身体素质，更培养了坚韧不拔、勇于挑战的意志品质，这种品质对于青少年未来的学习和生活都具有重要的意义。

2. 促进情绪释放与心理平衡

现代社会快节奏的生活方式给青少年带来了巨大的心理压力。而传统体育活动作为一种有效的情绪释放途径，能够帮助他们缓解紧张情绪、减轻心理压力。运动是一种有效促进多巴胺分泌的方式，能让人感受到愉悦和放松。同时，运动还能促进大脑内啡肽等神经递质的分泌，有助于调节情绪、缓解抑郁等心理问题。

（三）培养良好的生活习惯与社交能力

传统体育活动在培养良好的生活习惯和社交能力方面发挥着积极作用。这些活动不仅是一种体育锻炼方式，更是一种生活方式，通过参与活动，参与者能够养成规律的作息习惯和健康的生活态度，同时提高社交能力和团队合作精神。

通过规律的传统体育活动，参与者能够形成良好的生活习惯。许多壮族传统体育活动都需要定期训练和参与，如三人板鞋竞速的练习和狮舞的排练，这种规律性的活动有助于培养参与者的纪律性和自我管理能力。定期参与这些活动可以帮助个人建立稳定的生活节奏，改善作息时间，避免不健康的生活习惯，从而促进身心健康。

传统体育活动也为参与者提供了宝贵的社交机会。在这些活动中，参与者通常需要与他人合作或竞争，通过这种互动，能够提升个人的沟通能力和团队合作精神。比如，在竹竿舞中，参与者需要与其他舞者保持同步，协调动作，这不仅考验个人的团队协作能力，也促进了社交技能的发展。通过这些活动，参与者能够学会如何在团队中发挥作用，处理人际关系，提升社交能力。

三、社会适应与品德教育价值

（一）团队合作精神的培养

1. 集体项目的协作魅力

在广西壮族传统体育中，许多项目如竹竿舞、板鞋竞速等，都是典型的集体项目，需要参与者之间的紧密配合与协作。在参与这些项目的过程中，每个参与者都需要明确自己的角色定位，积极与队友沟通协作，共同为团队目标努力。这种协作不仅体现在技术动作的配合上，更体现在战术安排、心理支持等多个层面。通过反复的训练和比赛，参与者能够深刻体会到团队合作的重要性，学会在集体中发挥自己的优势，同时也能够包容和尊重他人的不同。

2. 社会适应能力的提升

现代社会是一个高度分工与合作的社会，团队合作精神已成为个体社会适应能力的重要组成部分。通过参与传统体育项目中的集体活动，青少年能够提前适应这种团队合作的环境，学会在团队中找到自己的位置，发挥自己的作用。这种经历将为他们未来的社会生活和工作打下坚实的基础，使他们更加容易融入集体，更好地与他人协作共事。

（二）公平竞争意识的树立

1. 规则意识的培养

公平竞争是体育精神的核心之一，也是社会交往中非常重要的原则。在广西壮族传统体育项目中，每一项比赛都有严格的规则。参与者必须遵守这些规则，才能在比赛中获得公正的评价。通过参与这些项目，参与者能够逐渐树立起规则意识，学会在规则允许的范围内发挥自己的实力，同时也能够尊重对手和裁判的权威。这种规则意识将伴随他们一生，成为他们社会交往中非常重要的一部分。

2. 竞争意识与自我超越

公平竞争并不意味着没有竞争。相反，在公平的规则下，竞争能够激发参与者的斗志和潜力，促使他们不断挑战自我、超越自我。在广西壮族传统体育项目中，参与者需要面对来自对手的挑战和压力，不断提升自己的技术水平和素养。这种竞争不仅锻炼了他们的身体和心理素质，更培养了他们的竞争意识和自我超越的精神。这种精神将激励他们在未来的生活和工作中不断追求卓越、勇攀高峰。

（三）坚韧不拔、勇于挑战的精神激励

1. 面对困难与挑战的勇气

在广西壮族传统体育项目中，许多项目都具有一定的难度和挑战性。参与者需要付出大量的努力和汗水才能掌握技术要领、提高竞技水平。在这个过程中，他们可能会遇到各种困难和挫折，如技术瓶颈、身体疲劳、心理压力等。然而，正是这些困难和挑战锻炼了他们的意志品质和坚韧不拔的精神。他们学会了在困难面前不屈不挠、勇往直前；在挑战面前敢于尝试、勇于创新。这种精神将成为他们未来面对生活和工作中各种挑战的重要支持。

2. 坚持不懈与持之以恒的毅力

成功往往属于那些坚持不懈、持之以恒的人。在广西壮族传统体育项目中，参与者需要长期投入时间和精力进行训练和比赛。这个过程虽充满了艰辛和困苦，但正是这些艰辛和困苦培养了他们的毅力和耐心。他们学会了在失败中汲取教训、在挫折中积累经验；在成功中保持谦逊、在荣誉中不忘初心。这种坚持不懈、持之以恒的毅力将伴随他们一生，成为他们追求梦想、实现目标的强大动力。

四、创新思维与审美能力

（一）传统与现代融合的创新思维启发

1. 壮族传统体育的现代解读

近年来，随着社会的发展和文化交流的加深，壮族传统体育文化被重新审视和解读，展现出新的生命力。壮族传统体育活动如壮族狮舞、龙舟赛和民间舞蹈等，体现了壮族人民对自然和生命的深刻理解。这些运动不仅是身体的较量，更是精神的共鸣。在现代社会背景下，这些活动被赋予了新的意义，成为弘扬民族文化、增强民族凝聚力的重要载体。许多传统赛事逐渐引入现代化的管理和观赏机制，吸引

了大量游客和运动爱好者，这不仅促进了经济的发展，也增强了壮族文化的传承与创新。

壮族传统体育不仅是一种竞技活动，更是一种文化表达。通过舞蹈、歌唱、游戏等形式，壮族人民将历史传承与生活智慧融入体育活动中，使其成为一种具有深厚文化底蕴的运动方式。

2. 跨文化的交流与融合

在全球化的背景下，不同文化之间的交流与融合日益频繁。广西壮族传统体育作为中华文化的重要组成部分，具有独特的魅力和价值。通过参与国际交流、举办文化节等活动，可以让更多的人了解和体验这些传统体育项目，同时吸收其他文化的优秀元素，实现跨文化的交流与融合。这个过程不仅能够拓宽青少年的国际视野，还能够激发他们的创新灵感，促进创新思维的培养和发展。

（二）体育美学在传统体育中的体现

1. 形态美与动态美的结合

传统体育在表现形式上往往追求形态美与动态美的完美结合。无论是壮族的铜鼓舞、抛绣球，还是瑶族的长鼓舞、射弩等，都以其独特的姿态和动作展现出体育运动的美感。这些传统体育项目不仅要求运动员具备高超的技术水平，还要求他们具备良好的身体协调能力和艺术表现力。在参与这些项目的过程中，青少年可以深刻体会到体育美学的魅力所在，从而培养他们的审美情趣和审美能力。

2. 自然环境与人文景观的融合

传统体育往往与当地的自然环境和人文景观紧密相连。例如，在龙胜各族自治县的梯田间举行的农民运动会中，各种传统体育项目与壮丽的梯田景观交相辉映，形成了一幅幅美丽的画卷。这种自然环境与人文景观的融合不仅为传统体育项目增添了独特的韵味和魅力，还使参与者在欣赏美景的同时，感受到体育运动的和谐与美好。这种体验将有助于提升青少年的审美感知能力和对自然环境的热爱之情。

（三）艺术表现力的培养与提升

1. 情感表达的舞台

广西壮族传统体育不仅是体育竞技的载体，更是情感表达的舞台。在这些项目中，运动员们通过精湛的技艺和生动的表演将内心的情感淋漓尽致地展现出来。例如，在铜鼓舞中，舞者通过鼓点的节奏和身体的舞动传达出对祖先的敬仰和对生活的热爱；在抛绣球中，参赛者则通过精准的投掷和默契的配合展现出团结协作的精神风貌。这种情感表达的过程不仅有助于培养青少年的艺术表现力，还能够促进他们情感世界的丰富和发展。

2. 创意与想象力的激发

在参与广西壮族传统体育项目的过程中，青少年需要不断发挥创意和想象力来完善自己的表演和技艺。例如，在编排舞蹈或设计战术时，他们需要考虑如何更好地展现项目的特点和魅力；在制作道具时，则需要运用创意和想象力来打造独具特色的装备。这种过程将有助于激发青少年的创造力和想象力，培养他们的创新思维和实践能力。同时，通过与其他参与者的交流和合作，青少年还能够学习到不同的创意和想法，进一步拓宽自己的视野和思路。

3. 艺术修养的全面提升

参与广西壮族传统体育项目不仅能够提升青少年的艺术表现力，还能够促进他们艺术修养的全面提升。这些项目往往涉及音乐、舞蹈、美术等多个艺术领域的知识和技能，通过参与这些项目的学习和实践，青少年可以接触到更多的艺术形式和文化内涵，从而丰富自己的艺术素养和审美观念。同时，通过与其他艺术门类的融合和创新，还能够创造出更多具有民族特色和现代气息的艺术作品，为中华文化的传承和发展贡献自己的力量。

第二节 教育转化的必要性与可行性

在教育体系不断演进的今天，将广西壮族传统体育的育人价值有效转化为教育资源，不仅是对传统文化的传承与创新，更是对现代教育理念的一次深刻实践。本节将深入剖析教育转化的必要性，并探讨其可行性。

一、必要性分析

（一）适应现代教育改革的需要

1. 课程改革与素质教育

随着现代教育改革的深入，课程改革成为核心议题之一。素质教育强调学生的全面发展，不仅关注知识技能的掌握，更重视学生的身心健康、创新能力、审美情趣及社会责任感的培养。广西壮族传统体育作为民族文化的重要组成部分，蕴含着丰富的教育价值，其独特的育人功能能够为课程改革提供有力支撑。通过将这些传统体育项目引入校园，可以丰富体育课程内容，增强学生的体育兴趣，促进学生在身体素质、心理素质及社会适应能力等方面的全面发展。

2. 多元文化教育理念的倡导

在全球化和信息化的时代背景下，多元文化教育成为教育领域的重要趋势。它强调尊重和理解不同文化的多样性，培养学生的跨文化交流能力和全球视野。广西壮族传统体育具有鲜明的地域特色和民族风情，将其纳入教育体系，有助于学生了解和认同自己的民族文化，增强民族自豪感和归属感。同时，也能促进学生对其他民族文化的尊重和理解，培养跨文化交流的能力，为构建多元共融的社会环境奠定坚实基础。

（二）促进学生全面发展的要求

1. 身体素质与心理健康的双重提升

体育是促进学生身心发展的重要途径。广西壮族传统体育以其独特的运动形式和健身效果，在提升学生身体素质方面发挥着重要作用。同时，这些传统体育项目还蕴含着丰富的文化内涵和精神价值，能够激发学生的情感共鸣，促进心理健康的发展。例如，通过参与三人板鞋竞速等团队项目，学生可以学会团结协作、勇于挑战的精神；通过观赏和学习竹竿舞等舞蹈项目，学生可以感受到美的熏陶和艺术的魅力，提升审美情趣和审美能力。

2. 创新思维与实践能力的培养

在快速变化的社会环境中，创新思维和实践能力成为人才竞争的关键要素。广西壮族传统体育在传承与创新的过程中，积累了丰富的经验和智慧。通过参与这些传统体育项目的学习和实践，学生可以接触到不同的思维方式和解决问题的方法，从而激发创新思维。同时，通过亲手制作道具、编排舞蹈等实践活动，学生可以锻炼动手能力和团队协作能力，进而提升实践能力。这种将传统与现代相结合的教育方式，有助于培养学生的创新思维和实践能力，为他们未来的学习和工作打下坚实的基础。

（三）弘扬民族文化，增强文化自信的使命

1. 民族文化传承的责任担当

民族文化是一个民族的精神家园和身份标识。随着全球化的加速推进，民族文化面临着被边缘化和同质化的风险。因此，弘扬民族文化、传承民族精神成为每一个民族成员的责任担当。广西壮族传统体育作为民族文化的重要组成部分，承载着丰富的历史记忆和文化内涵。通过将其纳入教育体系进行传承和发展，可以确保这些宝贵的文化遗产得以延续和发扬光大，为后代子孙留下丰富的精神财富。

2. 文化自信与国家认同的构建

文化自信是一个国家、一个民族发展更基本、更深沉、更持久的力量。在全球化背景下，文化自信对于增强国家认同、维护国家统一和民族团结具有重要意义。广西壮族传统体育作为中国传统文化多样性的重要组成部分，其独特的魅力和价值有助于增强人们的文化自信。通过参与这些传统体育项目的学习和实践，人们可以更加深入地了解和认同自己的民族文化，增强民族自豪感和归属感。同时，也能促进不同民族之间的文化交流与融合，增进相互理解和尊重，为构建多民族和谐共处的社会环境贡献力量。

二、可行性分析

（一）传统体育资源的丰富性与独特性

1. 资源多样性奠定坚实基础

广西壮族传统体育作为民族文化的重要组成部分，蕴含着丰富的体育资源和深厚的文化底蕴。其项目种类繁多，包括但不限于竹竿舞、板鞋竞速、打陀螺、投绣球等，每一项都承载着独特的民族记忆与智慧。这种多样性不仅为教育转化提供了丰富的素材，也使得教学内容能够因地制宜、因材施教，满足不同年龄层次、兴趣偏好的学生需求。通过挖掘这些传统体育项目的文化内涵和技艺精髓，可以有效激发学生的学习兴趣，增强学习动力。

2. 独特性赋予教育转化新活力

广西壮族传统体育的独特性在于其融合了民族性、地域性和历史性，是民族文化传承的重要载体。将传统体育引入教育体系，不仅能够丰富体育课程的内容与形式，还能让学生在体验中感受民族文化的魅力，增强文化自信和民族认同感。此外，传统体育项目中的许多技巧、战术和训练方法，都蕴含着朴素的哲学思想和人生智

慧，对于培养学生的意志品质、团队合作精神和社会适应能力具有不可估量的价值。

（二）政策支持度与社会认可度的提升

1. 政策导向明确，推动力度加大

近年来，随着国家对传统文化保护和传承工作的高度重视，相关政策文件相继出台，为传统体育的教育转化提供了强有力的政策保障。例如，《关于实施中华优秀传统文化传承发展工程的意见》指出，加强中华优秀传统文化传承发展相关扶持政策的制定与实施，注重政策措施的系统性、协同性、操作性。建立中华优秀传统文化传承发展相关领域和部门合作共建机制。制定文物保护和非物质文化遗产保护专项规划。在此背景下，广西壮族传统体育作为中华优秀传统文化的重要组成部分，其教育转化工作得到了更多政策上的支持和鼓励。

2. 社会认知加深，认可度不断提高

随着文化自信的增强和民族文化的广泛传播，社会各界对广西壮族传统体育的认识逐渐加深，认可度也在不断提高。一方面，媒体和网络的普及使得传统体育项目得以更广泛地展示和传播，吸引更多人的关注和参与；另一方面，学校、社区等组织也积极开展传统体育文化活动，为传统体育的教育转化营造了良好的社会氛围。这种良好的社会基础为传统体育的教育转化提供了有力支持。

（三）教育模式与教学方法的创新实践

1. 融合现代教育理念，创新教学模式

在推动传统体育的教育转化过程中，必须注重与现代教育理念的融合与创新。首先，可以借鉴国际先进的体育教育模式，如"体教融合""快乐体育"等理念，将传统体育元素融入其中，形成具有民族特色的教学模式。其次，可以运用现代信息技术手段，如多媒体教学、网络课程等，提高教学效率和趣味性，使传统体育焕发新的生机与活力。最后，还可以根据学生的年龄特点和兴趣爱好，设计多样化的教学活动和评价体系，激发学生的学习兴趣和积极性。

2. 注重实践体验，强化技能传授

传统体育项目的学习离不开实践体验。在教学过程中，应注重学生的实践操作和技能传授。通过组织丰富多彩的体育竞赛、文化节等活动，让学生在参与中感受传统体育的魅力，提高技能水平。同时，还可以邀请传统体育传承人进校园、进课堂，开展专题讲座和示范教学，让学生近距离接触和学习传统体育文化。这种理论与实

践相结合的方式，能够加深学生对传统体育的理解和认识，提高学习效果。

3. 培养师资力量，提升教学质量

教师是教育转化的关键。为了确保传统体育的教育转化工作顺利进行，必须重视师资力量的培养。一方面，通过培训、进修等方式提高现有体育教师的专业素养和教学能力；另一方面，积极引进具有传统体育特长的专业人才，充实教师队伍。另外，还可以建立激励机制，鼓励教师积极参与传统体育教学研究和实践探索，不断提升教学质量和水平。

第三节　内在关联机制探索

一、价值认同与教育目标的契合

在探讨广西壮族传统体育与教育转化的内在关联时，首要关注的是两者在价值认同与教育目标上的契合度。这种契合不仅为传统体育的现代教育转化提供了坚实的理论基础，也为实现教育目标的多元化和全面化开辟了新路径。

（一）传统体育价值与现代教育理念的共鸣

1. 身心健康观的共鸣

广西壮族传统体育强调身心合一、内外兼修的健康观念，与现代教育中注重学生全面发展的理念不谋而合。传统体育项目如三人板鞋竞速、壮族狮舞等，不仅锻炼了参与者的身体素质，还培养了他们的团队协作精神和抗压能力，这些正是现代社会所需的重要品质。现代教育体系在追求知识传授的同时，也越来越重视学生的身心健康和综合素质提升，传统体育的融入无疑为此提供了丰富的资源和有效的手段。

2. 文化传承与创新的共鸣

广西壮族传统体育作为民族文化的重要组成部分，承载着丰富的历史记忆和文化精髓。在现代教育体系中融入传统体育元素，不仅是对传统文化的传承和弘扬，也是对教育内容的创新和丰富。通过学习和体验传统体育项目，学生可以更深入地了解民族文化的内涵和价值，增强文化自信和民族认同感。同时，传统体育项目在传承过程中也不断吸收新的元素和理念，展现出强大的生命力和创造力，这也为现代教育理念下的创新实践提供了有益的借鉴和启示。

3. 社会责任感与公民意识的共鸣

广西壮族传统体育中的许多项目都蕴含着深厚的社会责任感和公民意识。例如，通过参与社区组织的传统体育活动，学生能够学会关爱他人、服务社会的道理，增强自己的社会责任感和公民意识。这与现代教育理念中强调的公民教育和社会责任感培养不谋而合。因此，将传统体育融入现代教育体系，不仅有助于培养学生的社会责任感和公民意识，还有助于促进社会的和谐与进步。

（二）教育目标设定中的传统体育元素融入

1. 德育目标的融入

德育是教育的重要组成部分，旨在培养学生的道德品质和社会责任感。将广西壮族传统体育元素融入德育目标中，可以通过具体、生动的体育实践活动来引导学生树立正确的价值观和道德观。例如，在龙舟竞渡项目中强调团队协作和集体荣誉；在抢花炮项目中培养公平竞争和尊重对手的精神等。这些实践活动不仅能够增强学生的道德体验和道德认知，还能够促进他们道德情感的升华和道德行为的养成。

2. 智育目标的融入

智育旨在培养学生的智力素质和创新能力。将传统体育元素融入智育目标中，可以通过体育活动的趣味性和挑战性来激发学生的求知欲和探索精神。例如，在传统体育项目的规则制定、战术安排和比赛策略等方面，引导学生运用所学知识进行分析和思考；在体育活动后的反思和总结中，鼓励学生提出自己的见解和创意。这些活动不仅能够锻炼学生的思维能力和创新能力，还能够促进他们知识的整合和应用能力的提升。

3. 体育目标的深化

体育是教育的重要组成部分，旨在培养学生的身体素质和运动技能。将传统体育元素融入体育目标中，可以进一步丰富体育课程内容和形式，提高学生的运动兴趣和参与度。同时，通过学习和掌握传统体育项目的基本技能和战术要求，学生不仅可以增强身体素质和提高运动技能水平，还能培养坚韧不拔的意志品质和积极向上的精神风貌。这些都将为学生未来的学习和生活奠定坚实的基础。

4. 美育目标的拓展

美育旨在培养学生的审美能力和艺术修养。将传统体育元素融入美育目标中，可以通过体育活动的艺术性和观赏性来提升学生的审美体验和艺术感受力。例如，在龙舞、狮舞等传统体育表演项目中展现的精湛技艺和独特魅力；在民族服饰、音乐舞蹈等配套元素中体现的丰富文化内涵和艺术价值等。这些都将为学生提供感受美、欣赏美和创造美的广阔舞台，促进他们审美能力和艺术修养的全面提升。

二、内容转化与课程设计的融合

在将广西壮族传统体育融入现代教育体系的过程中，不仅要求对传统体育项目进行科学合理的筛选与改编，以适应现代教育的需求，还需要通过跨学科课程设计，促进学生综合素质的全面提升，并不断探索与实践教学模式的创新。

（一）传统体育项目的筛选与改编

1. 筛选原则与标准

在筛选适合融入现代教育的广西壮族传统体育项目时，应遵循以下几个原则与标准：一是代表性，即所选项目应能充分体现壮族文化的独特性和魅力；二是教育性，即项目应蕴含丰富的教育价值，能够促进学生身心健康发展；三是可行性，即项目应易于在学校环境中开展，且对场地、器材等条件要求不过于苛刻；四是安全性，即项目应确保学生在参与过程中的人身安全。基于这些原则与标准，可以筛选出如竹竿舞、壮族狮舞、三人板鞋竞速等具有广泛影响力和教育意义的传统体育项目。

2. 改编策略与实施

为了适应现代教育的需求，对传统体育项目进行适当的改编是必要的。改编策略主要包括以下几个方面：一是简化规则与流程，使项目更加易于学生理解和掌握；二是调整运动强度与难度，确保项目适合不同年龄段和体能水平的学生参与；三是融入现代元素，如利用科技手段进行计时计分、通过团队合作完成任务等，以增加项目的趣味性和吸引力；四是强化教育功能，通过项目介绍、文化讲解等方式，加深学生对传统文化的认识和理解。在实施改编过程中，应充分尊重项目的原始形态和文化内涵，避免过度商业化或娱乐化倾向。

（二）跨学科课程设计，促进综合素质提升

1. 跨学科整合的必要性

将广西壮族传统体育融入跨学科课程设计，是实现学生综合素质提升的重要途

径。传统体育项目不仅涉及体育学科的知识和技能，还蕴含着丰富的历史、文化、艺术等多学科内容。通过跨学科整合，可以打破学科壁垒，促进知识的交叉融合和综合运用，从而培养学生的综合思维能力和创新能力。

2. 跨学科课程设计案例

以壮族狮舞项目为例，可以设计一门跨学科课程。该课程设计可以包括以下几个部分：一是体育技能训练部分，教授学生舞狮的基本技能；二是历史文化学习部分，介绍舞狮的起源、发展、传说以及壮族文化的相关知识；三是艺术设计部分，引导学生设计舞狮的外观、服饰等，培养他们的审美能力和创造力；四是团队协作部分，通过模拟比赛、团队建设活动等方式，培养学生的团队协作精神和沟通能力。这样的课程设计不仅丰富了学生的知识面和体验感，还促进了他们综合素质的全面提升。

3. 跨学科整合的实施策略

在实施跨学科整合时，需要注意以下几个策略：一是明确课程目标，确保跨学科内容围绕一个共同的主题或目标展开；二是优化课程设计，合理安排各学科内容的比例和顺序，确保课程的连贯性和系统性；三是加强师资培训，提高教师跨学科教学的能力和水平；四是建立评价机制，通过多元化评价方式全面评估学生的学习成果和综合素质提升情况。

（三）实践教学模式的探索与创新

1. 实践教学模式的重要性

实践教学模式是将理论知识转化为实践能力的重要途径。在将广西壮族传统体育融入现代教育体系的过程中，探索和实践教学模式的创新至关重要。通过实践教学模式的创新，可以激发学生的学习兴趣和动力，提高他们的实践能力和创新能力。

2. 实践教学模式的创新案例

以板鞋竞速项目为例，可以探索以下几种实践教学模式：一是情景模拟教学，通过模拟比赛场景、设置障碍等方式，让学生在逼真的环境中进行训练和比赛；二是项目式学习，将板鞋竞速项目作为一个完整的项目交给学生去研究和实施，从项目策划、团队组建、训练安排到比赛展示等各个环节都由学生自主完成；三是翻转课堂，将传统的教学过程颠倒过来，让学生在课前通过观看视频、查阅资料等方式自主学习相关知识和技能，在课堂上则通过讨论、实践等方式深化理解和应用。这些实践教学模式的创新不仅提高了学生的参与度和积极性，还促进了他们自主学习和合作探究能力的发展。

3. 实践教学模式的实施保障

为了确保实践教学模式的顺利实施并取得良好效果，需要采取以下保障措施：一是加强教学资源建设，提供丰富多样的教学资源和工具支持；二是建立有效的激励机制，鼓励学生积极参与实践活动并取得优异成绩；三是加强师生互动和反馈机制建设，及时了解学生的学习情况和需求并给予针对性指导；四是加强校内外合作与交流，拓展实践教学的空间和资源。通过这些保障措施的实施，可以为实践教学模式的创新提供有力支撑和保障。

三、师资培养与资源保障

在将广西壮族传统体育有效融入现代教育体系的过程中，师资培养与资源保障发挥着重要作用。它们不仅直接关系到教学质量和效果，还间接影响到传统体育文化的传承与发展。

（一）专业教师队伍建设与培训

1. 师资队伍建设的重要性

专业教师是传承和弘扬广西壮族传统体育文化的核心力量。他们不仅需要具备扎实的体育专业技能，还要深刻理解传统体育项目的文化内涵和教育价值。因此，建设一支高素质、专业化的教师队伍，对于推动传统体育项目的教育转化具有重要意义。

2. 多元化培训策略

为了提升教师的专业素养和教学能力，应实施多元化的培训策略。这包括组织专家讲座和工作坊，邀请传统体育项目的传承人、学者和教育专家进行授课和交流；开展实地考察和学习，让教师亲身体验和学习传统体育项目在民间社区中的实践与应用；实施"师徒制"培养模式，通过老带新的方式，将传统体育项目的精髓和技艺传承给新一代教师；鼓励和支持教师参加国内外相关学术会议和研讨会，拓宽视野，了解最新研究成果和教学理念。

3. 完善专业发展机制

建立持续的教师专业发展机制是保障教学质量和提升教师素养的重要途径。学校应制定明确的教师职业发展规划，为教师提供个性化的成长道路；设立专项基金，支持教师参加培训、进修和科研项目；建立教师评价体系，将教学质量、科研成果、社会服务等方面纳入考核范围，激励教师不断提升自我。

（二）教学资源与平台的整合与优化

1. 教学资源的丰富性

教学资源的丰富性直接影响到教学内容的广度和深度。为了丰富教学资源，应广泛收集、整理和挖掘与广西壮族传统体育项目相关的各类资源，包括文字资料、图片、视频、音频等。同时，还应积极开发新教材、新教具和新软件，为教学提供多样化的工具和手段。

2. 教学平台的整合与优化

教学平台的整合与优化是提高教学效率和质量的重要保障。学校应充分利用现代信息技术手段，建设和完善网络教学平台、虚拟实验室、在线课程等数字化教学资源。通过这些平台，学生可以随时随地进行自主学习和互动交流，教师也可以便捷地发布教学信息、批改作业和进行远程辅导。另外，还应加强不同平台之间的互联互通和数据共享，实现教学资源的优化配置和高效利用。

3. 实践教学基地的建设

实践教学基地是学生将理论知识转化为实践能力的重要场所。为了丰富实践教学环节，学校应积极与地方政府、社会团体和企业合作，共同建设一批具有地方特色的实践教学基地。这些基地可以包括传统体育项目的训练场地、比赛场馆、文化展览馆等。通过在这些基地开展实践教学活动，学生可以更深入地了解传统体育项目的文化内涵和技艺特点，从而提高实践能力和综合素质。

（三）社会力量的引入与合作机制

1. 社会力量的重要性

社会力量的引入对于推动广西壮族传统体育项目的教育转化具有重要意义。社会力量包括政府、企业、社会团体、家长等各个方面。他们可以为学校提供资金、技术、人才等多方面的支持和帮助，促进学校与社会的紧密联系和互动合作。

2. 合作机制的建立

为了有效引入社会力量并发挥其积极作用，应建立健全的合作机制。这包括建立政府主导、多方参与的合作模式，明确各方职责和权益；制订具体的合作计划和实施方案，确保合作项目的顺利推进；加强沟通协调和信息共享机制建设，及时解决合作过程中出现的问题和困难；建立激励机制和评估体系，对合作成果进行客观评价和奖励表彰。

3. 典型合作模式案例分析

在实际操作中，可以借鉴一些成功的合作模式案例。例如，学校与地方政府合作举办传统体育文化节或运动会等活动，展示传统体育项目的魅力和风采；学校与企业合作开展校企合作项目，共同研发新产品或新技术并应用于教学实践中；学校与社会团体合作开展志愿服务和社会实践活动等公益活动，弘扬传统体育文化和精神等。这些合作模式不仅有助于推动传统体育项目的教育转化和发展壮大，还有助于促进学校与社会的紧密联系和互动合作。

四、师资培养与资源保障

（一）专业教师队伍建设与培训

1. 明确教师专业发展目标

要构建一支高水平的专业教师队伍，首先需要明确教师的专业发展目标。这包括提升教师的体育教学能力、文化传承能力、科研创新能力以及信息技术应用能力等多方面要求。通过设定具体、可量化的目标，引导教师不断自我提升，适应教育发展的需求。

2. 实施分层分类培训

针对教师队伍的实际情况和发展需求，应实施分层分类的培训策略。对于新入职教师，应重点进行体育教学基本功、教育心理学、班级管理等基础培训；对于中青年骨干教师，则应加强其在传统体育项目教学、课程开发、科研能力等方面的培训；对于经验丰富的老教师，可以鼓励他们参与传统体育文化的保护与传承工作，同时分享其教学经验，带动整个教师队伍的成长。

3. 强化实践教学与反思

实践教学是提升教师专业素养的有效途径。学校应定期组织教师参与传统体育项目的教学实践，如组织教学观摩、教学竞赛等活动，让教师在实践中发现问题、解决问题。同时，鼓励教师进行教学反思，总结教学经验，不断优化教学方法和手段。

4. 建立激励机制与评价体系

为了激发教师的积极性和创造力，应建立科学的激励机制和评价体系。通过设立教学奖、科研成果奖等奖项，表彰在教学和科研方面表现突出的教师。同时，将教师的教学质量、科研成果、学生评价等纳入评价体系，全面评估教师的工作绩效，为教师的职业发展提供有力支持。

（二）教学资源与平台的整合与优化

1. 拓展教学资源渠道

教学资源的丰富性和多样性对于提高教学质量至关重要。因此，应积极拓展教学资源渠道，广泛收集、整理和挖掘与广西壮族传统体育项目相关的各类资源。这包括文字资料、图片、视频、音频等多媒体资源，以及实物、场地等实体资源。同时，鼓励教师自主研发教学资源，如编写教材、制作教具等，以满足教学的实际需求。

2. 建设数字化教学资源库

随着信息技术的不断发展，数字化教学资源库的建设已成为必然趋势。学校应充分利用现代信息技术手段，建设和完善数字化教学资源库。这包括建立传统体育项目的数据库、视频库、图片库等，为教师和学生提供便捷的资源获取途径。同时，开发在线教学平台、虚拟实验室等数字化教学环境，实现教学资源的共享和互动。

3. 优化教学资源配置

为了充分发挥教学资源的效益，应优化教学资源的配置。这包括根据教学需求和学生特点合理安排教学资源的使用计划；加强教学资源的维护和更新工作，确保资源的时效性和准确性；以及推动教学资源的共享和流通，避免资源的浪费和重复建设。

4. 提升教学资源使用效率

提升教学资源的使用效率是优化教学资源配置的重要目标。学校应加强对教师使用教学资源的培训和指导，提高教师利用教学资源的能力和水平。同时，鼓励学生积极参与教学资源的开发和利用活动，培养他们的自主学习能力和创新能力。另外，还可以通过开展教学资源使用效果评估工作，及时发现和解决教学资源使用中存在的问题和不足。

（三）社会力量的引入与合作机制

1. 拓宽社会力量参与渠道

社会力量的引入对于推动广西壮族传统体育项目的教育转化具有重要意义。因此，应拓宽社会力量参与渠道，吸引更多企业或个人关注并支持传统体育项目的发展。这包括通过政策引导、资金扶持等方式鼓励企业参与传统体育项目的教学和科研活动。同时，加强与社区、文化团体等社会组织的合作与交流活动，共同推动传统体育文化的传承与发展。

2. 建立合作机制与平台

为了有效引入社会力量并发挥其积极作用，应建立健全的合作机制与平台。这包括制定合作政策和规划方案明确合作目标和任务；建立合作项目管理机构和工作机制负责合作项目的具体实施和管理；以及搭建合作信息交流平台促进各方之间的沟通与协作。通过这些机制与平台的建立可以确保合作项目的顺利推进和有效实施。

3. 深化校企合作模式

校企合作是引入社会力量的重要途径之一。学校应积极探索与企业的合作模式通过共同研发新产品或新技术、共建实训基地或研发中心等方式实现资源共享和优势互补。积极鼓励企业参与学校的教学和科研活动为学生提供实习实训和就业机会，同时借助企业的市场资源和品牌优势推动传统体育项目的产业化发展。

4. 强化社会监督与评估

为了确保合作项目的质量和效益应强化社会监督与评估工作。这包括建立合作项目信息公开制度，接受社会各界的监督与质询。同时委托第三方机构对合作项目进行定期评估检查合作项目的实施情况和成果效益，并根据评估结果及时调整合作策略和优化合作方案以确保合作项目的持续健康发展。

五、文化传承与创新的动态平衡

文化传承与创新的动态平衡，不仅关乎文化自身的生命力，也影响着社会的和谐与发展。

（一）在传承中创新，在创新中传承

1. 尊重传统，深挖文化内涵

任何创新都应建立在深刻理解与尊重传统的基础上。对于广西壮族传统体育文化而言，首先要做的是深入挖掘其丰富的文化内涵，包括其历史渊源、价值观念、技术体系等。通过学术研究、田野调查等方式，系统地整理、记录并传承这些宝贵的文化遗产，为后续的创新提供坚实的理论支撑和实践基础。

2. 融合现代元素，创新表现形式

在传承的基础上，应积极探索传统体育文化与现代元素的融合之路。这包括将现代体育理念、科技手段、艺术元素等融入传统体育项目之中，使其更加符合当代人的审美需求和生活方式。例如，可以运用虚拟现实技术重现传统体育赛事的盛况，或者将传统舞蹈、音乐与现代舞台艺术相结合，创造出新的艺术表现形式。

3. 激发创造力，培养创新人才

创新的关键在于人才。应加大对传统体育文化传承与创新人才的培养力度，通过设立专项基金、举办培训班、开展创意大赛等方式，激发广大师生的创造力和想象力。同时，加强与高校、科研机构等单位的合作与交流，引进更多具有创新精神和实践经验的专家学者参与传统体育文化的研究与传承。

4. 建立传承与创新的长效机制

为了实现传承与创新的动态平衡，需要建立一套科学、有效的长效机制。这包括制订详细的传承与创新规划方案、建立传承与创新的激励机制和评价体系、加强传承与创新成果的保护与推广等。通过这些措施的实施，可以确保传统体育文化在传承中不断创新，在创新中更好地传承。

（二）传统体育文化的现代诠释与传播

1. 多元媒介的广泛应用

在信息时代背景下，多元媒介的广泛应用为传统体育文化的传播提供了新的契机。应充分利用电视、广播、互联网、社交媒体等媒介平台，制作并传播与广西壮族传统体育文化相关的节目、视频、图文等内容。通过生动形象的展示和深入浅出的解读，让更多人了解并喜爱上这一独特的文化形式。

2. 跨文化交流的强力推动

跨文化交流是增进不同文化间理解和尊重的重要途径。应积极参与国际文化交流活动，将广西壮族传统体育文化推向世界舞台。通过举办国际体育赛事、文化展览、学术交流等活动，展示传统体育文化的独特魅力和价值，促进与其他国家和地区之间的文化交流和互鉴。

3. 文化创意产品的开发

文化创意产品的开发是传承与创新相结合的重要体现。应鼓励和支持相关企业或个人开发具有浓郁地方特色和民族风情的文化创意产品，如传统服饰、手工艺品、旅游纪念品等。这些产品不仅具有实用性和观赏性，还能够传递出传统体育文化的独特韵味和深厚底蕴，吸引更多人关注和了解这一文化形式。

4. 教育体系的融入与普及

将传统体育文化融入教育体系是实现其广泛传播和普及的有效途径。应加强与教育部门的合作，将传统体育项目纳入学校体育课程之中，让学生在参与体育活动的过程中感受并学习传统文化。同时，还可以通过举办培训班、夏令营等活动，吸引更多青少年参与传统体育文化的传承与创新。

（三）文化生态的维护与可持续发展策略

1. 加强文化遗产保护

文化遗产是民族历史和文化的重要载体。应加强对广西壮族传统体育文化遗产的保护工作，包括对其历史遗迹、文献资料、传统技艺等进行全面的调查、记录和整理。同时，建立健全文化遗产保护法律法规体系，加大对违法行为的打击力度，确保文化遗产得到妥善保护和传承。

2. 促进文化生态平衡

文化生态的平衡是文化可持续发展的基础。应努力维护传统体育文化与其所处的自然环境、社会环境之间的和谐关系，避免因过度开发或破坏而导致的文化生态失衡现象。通过实施生态补偿、环境保护等措施，为传统体育文化的传承与创新提供良好的生态环境。

3. 推动文化产业化发展

文化产业化是推动传统体育文化可持续发展的有效途径之一。应充分利用市场机制和文化资源优势，推动传统体育文化产业化发展。通过培育文化市场主体、完善产业链条、拓展市场空间等方式，提高传统体育文化产业的竞争力和影响力。同时，加强品牌建设和营销推广工作，打造具有地方特色和民族风情的文化品牌和产品体系。

4. 强化社区参与和共建共享

社区是文化传承与创新的重要阵地。应鼓励社区居民积极参与传统体育文化的传承与创新活动，通过组织文化节庆、体育竞赛、技能培训等活动形式，增强社区居民的文化认同感和归属感。同时，加强社区之间的交流与合作，共同推动传统体育文化的传承与创新工作，通过共建共享的方式实现文化资源的优化配置和高效利用。

第三章　广西壮族传统体育项目

　　广西壮族传统体育项目承载着丰富的民族文化和历史传承。深入研究这些传统体育项目，有助于更好地理解壮族文化的内涵和特点。本章将系统地探讨广西壮族传统体育中的主要项目，包括三人板鞋竞速、壮族狮舞、壮族壮拳、壮族抛绣球和竹竿舞。每个项目不仅展示了壮族人民的智慧和创造力，还反映了他们的生活习俗和文化信仰。本章旨在揭示壮族传统体育在民族文化中的独特地位和作用，为保护和传承壮族传统体育文化提供深刻的文化视角。

第一节　三人板鞋竞速

　　三人板鞋竞速，顾名思义，是由三名运动员共同穿着一双特制的木板鞋，在标准的田径场地上进行竞速比赛。经过数百年的传承与发展，这项运动现已成为全国少数民族传统体育运动会上的正式比赛项目。

一、三人板鞋竞速的起源与传承

（一）历史渊源

图 3-1 三人板鞋竞速

三人板鞋竞速（图 3-1），这一独特的竞技项目，其历史渊源可追溯至明代。据民间传说，明朝时期，倭寇频繁侵扰我国沿海地区，广西百色地区的壮族女英雄瓦氏夫人为了保卫家园，率领"狼兵"远赴江浙抗倭。为了增强士兵的协同作战能力，瓦氏夫人别出心裁，让三名士兵同穿一副长板鞋进行跑步训练。这种独特的训练方法不仅使士兵们步调一致，还极大地提升了他们的身体素质和战斗意志，最终成功击败了倭寇。

虽然这一传说带有浓厚的传奇色彩，但它在壮族民间广为流传，成为三人板鞋竞速起源的重要历史记忆。同时，这也反映了壮族人民在艰苦环境中，勇于创新、敢于拼搏的民族精神。

在广西壮族流行的三人板鞋竞速形式有三大类：第一类是传统民间板鞋竞技，以数量或速度判定胜负的趣味对抗比赛形式，如三人同踏一副板鞋（比技巧、抢粽粑、戏水、采香包、抛绣球、踩气球）等；第二类是以技巧难度及艺术表现力来判定优劣，如三人同踏一副板鞋进行集体舞、扭秧歌和拳术等表演；第三类是三人同踏一副板鞋竞速，在规定的距离，以先抵达终点者为胜。三人板鞋竞速的形式多种多样，依据表演需要脚踏板鞋，手拿鲜花、花扇、彩带等道具和乐而舞，踏着欢快、协调的步伐，在民族音乐的伴奏下进行表演，展现出其特有的民族艺术魅力。尤其是在广西武鸣壮乡一年一度"三月三"歌圩现场，50人步调整齐走板鞋进行表演和竞赛，吸引众多人参与。板鞋竞速随着我国民族传统体育的发展而迅速发展，在广西少数民族传统体育运动会上居于重要的位置，更为继承和发展少数民族传统体育起到了极其重要的作用。自1986年起，在广西壮族自治区每一届"民运会"上，三人板鞋竞速100m、25m折回跑成为正式比赛项目。自此三人板鞋竞技由传统的板鞋娱乐项目变为正式比赛项目登上竞技体育赛场，初步实现了由民族民间娱乐项目向民族体育竞赛项目的转化。1991年广西承办的全国第四届民运会上，组委会把板鞋竞速融入民俗风情表演，展示三人抢粽粑、三人板鞋戏水、多人板鞋踩气球等独特表演和对抗赛魅力，成为全国民运会的表演项目。随着板鞋竞速规则不断完善，运动技术的基本成熟和定型，并不断地被赋予竞技、健身、娱乐和教育等现代体育价值，其独特的运动方式得到广泛的认同和接受。2007年，在全国第八届民运会筹备会上，三人板鞋竞速被定名为"板鞋竞速"，并被确定为全国民运会竞赛项目。

（二）地域特色与族群认同

三人板鞋竞速作为壮族特有的传统体育项目，具有鲜明的地域特色和族群认同。广西地区独特的地理环境和社会文化背景，为三人板鞋竞速的形成和发展提供了肥沃的土壤。壮族人民世代居住于此，依山傍水，勤劳勇敢，善于利用自然资源创造生活乐趣。三人板鞋竞速就是在这样的环境下应运而生，它不仅是一种体育竞技活动，更是壮族人民生活方式、审美情趣和族群认同的重要体现。

在壮族聚居的村寨，三人板鞋竞速是节日庆典、婚嫁喜庆等场合常开展的节目。每当此时，村民们都会穿上特制的板鞋，三人一组，在欢声笑语中展开激烈的比赛。这种活动不仅增进了邻里之间的情谊，也强化了壮族人民的族群认同感和归属感。

二、三人板鞋竞速基本特征与技术

（一）特点和价值

板鞋竞速具有独特的运动特点，集竞技性、健身性、艺术性、欣赏性为一体，由传统的娱乐型发展为单人、双人及多人的板鞋竞速，在运动器材、表演道具、活动形式上经历了许多改进创新。板鞋竞速器材简单，不受年龄、性别、条件的限制，不仅能增强体质，而且运动时要求行走灵活、步调一致、整齐划一、快速前进，由此受到各族人民的喜爱。每逢喜庆节假日，板鞋竞速成为体育爱好者及学校开展全民健身活动的项目之一。

板鞋竞速渗透着民族个性，充满特色的魅力，不仅能有效地培养人们互相协作的精神，还能有效提高运动节律感、身体协调性、心肺功能等，其健身和社会价值在新时期也焕发出新的活力。

（二）基本技术与方法

板鞋竞速的基本技术由踏板技术、基本技术和竞速技术组成。基本技术由预备式、原地踏步、向前走、快速跑、弯道走和摆臂冲刺几个部分构成。原地踏步和向前走决定板鞋竞速的速度，弯道走、快速跑和摆臂的幅度决定板鞋竞速步伐的稳定性。竞速的内容包括短距离跑、中长距离跑及接力跑等，各种跑在技术上都包括起跑和加速跑、途中跑、终点冲刺跑三个组成部分。

1. 踏板技术

板鞋竞速要求队员穿上板鞋后具有良好的互相配合意识。以三人板鞋为例，我们将运动员分为1、2、3号，1号指站在板鞋上排头的运动员，2号指站在板鞋上中间的运动员，3号指站在板鞋上最后的运动员。运动时，要求2号位队员双手扶1号位队员的腰两侧（或两肩），3号位队员双手扶2号位队员的腰两侧（或两肩）。上板后，队员两眼注视前方，双腿稍微弯曲，板鞋后跟稍抬起，左右抬腿交替迈步，保持身体平衡，步伐整齐，完成走、跑等动作。行进间跑时，1号位队员上体前倾，以肩为轴，前后摆臂，带动后面的队员向前跑（走）。

2. 基本技术

（1）预备式。以右脚为例，当同伴都穿好板鞋后，队员站立，两眼平视，双手扶在前一同伴的肩或腰上，先抬右脚，后抬左脚，准备踏步。

（2）原地踏步—向前走—快速跑。当队员预备式准备完毕，一人或一齐喊口令"一、二、一、二、一……"或"左、右、左、右、左……"原地踏步，声调押韵，步伐统一，摆腿屈角、高度等因素一致，熟练后，两手互相不再搭扶，自然摆臂向前走，再慢慢地过渡到自然跑、快速跑，最终提高竞技速度。

（3）弯道走。本环节特别要求三名队员保持身体重心，克服转弯时的倾斜度。以左转为例，走动时身体稍向内倾斜，右肩高于左肩，右臂摆动幅度稍大且稍向外，左臂摆幅略小，右脚前抬时稍向内扣，用前脚掌的内侧扣紧板鞋，左脚外侧稍用力，在转弯后整个身体逐渐过渡到正常姿势，继续快速往前跑。预备式、原地踏步、向前走、弯道走、终点冲刺等具体的动作要领如上文所述，但板鞋竞速不完全等同于一般田径运动中的竞速类项目，它最大特点是团队作战，依靠三人跑动的一致性为基础，逐渐提高配合能力与默契程度，从而提升跑动速度。从根本上解决板鞋竞速速度的主要因素有三名队员之间最大步长的合理性、步频的一致性、默契程度等。

3. 竞速技术

（1）起跑和加速跑。起跑和加速跑，主要是指三人同踏一副"木板鞋"，使身体迅速摆脱静止状态，尽快地提高速度并顺利过渡到途中跑的过程。起跑包括"各就位""预备"和鸣枪起跑几个组成部分，加速跑一般在起跑后 10～20m。

1）起跑

运动员上道：听到"运动员上道"的口令后，运动员站立在两板鞋中间，两眼平视，先上右脚后上左脚，将脚套上板后，双手扶在前面同伴的腰或肩上准备踏步，一人或一齐喊口令"一二一"或"左右左"原地踏步，步调一致，走到起跑线后，做几次深呼吸，然后集中注意力等待"各就位"口令。

"各就位"：听到"各就位"的口令后，运动员穿好板鞋，两脚平行站立。1号位处于自然摆臂状态，2、3号位扶前面同伴腰两侧，头正对前方，肩部适当放松，上体保持自然直立，不宜过于挺直，重心稍前移，眼平视前下方，集中注意力听"预备"口令。

"预备"：听到"预备"口令后，板鞋上的三名运动员随即稍屈膝，脚跟稍离板，以脚前掌有力地撑板。同时，身体向前倾，踏在板鞋前的腿稍微用力，微收腹含胸，形成一个类似弹簧被压紧的状态，便于做有力的蹬地动作。眼看前下方约 2m，注意力高度集中，听"跑"的枪声或口令。

鸣枪（跑）：听到枪声或"跑"的口令后，板鞋稍微抬起，两眼注视前方，重心稍向前倾，膝关节保持一定的弯曲状态，便于做起跑后蹬地动作。紧接着，用力腿（以左腿为例）积极下压，右脚迅速蹬地向前迈出第一步，前后摆臂幅度不超过身体正中线。肘关节角度约为 90°，加大动作幅度，不要起伏太大，保持平衡和步幅，接着迈出第二步。

2）加速跑

起跑后的加速跑技术特点是：身体前倾较大，后蹬角度较小，迈步幅度由小到大，频率逐渐加快。快步跑时，髋部放松，腰部保持自然直立，大腿提膝用力前摆，身体积极向前，脚尽量朝前伸。落地时小腿积极前摆，脚不要外翻或后翻，让冲击力迅速分散到全脚掌，避免跟腱因受力过大而损伤。同时要注意小腿肌肉和跟腱在着地时的缓冲，避免膝关节和踝关节损伤。

（2）途中跑。板鞋竞速途中跑，主要是直道跑和弯道跑技术，为进一步发挥加速跑助力，并保持最快速度跑向终点。

1）直道跑

直道跑时，三人步调一致，以强有力的动作送鼓、提膝和伸踝关节，1 号位带动 2、3 号位两腿和两臂用力前后摆动，2、3 号位积极加强踏板后蹬效果，躯干保持稍前倾，两臂攀扶配合下肢节奏向前。途中跑的速度决定于步频和步幅，只有互相协调配合，动作步调一致，才能发挥高步频并获得最大步幅。

2）弯道跑

弯道跑时要稳住身体重心，克服转弯时的倾斜度，身体稍向内倾斜，右肩高于左肩，右臂摆动幅度稍大且稍向外，左臂摆幅小，右脚前抬时稍向内扣，用前脚掌的内侧扣紧板鞋，左脚外侧稍用力，在转弯后整个身体逐渐过渡到正常姿势，快速往前跑。

（3）终点冲刺跑。接近终点时，目视前方，上体要稍前倾，两小腿积极前摆，第一板的队员摆动两臂，带动后面两板的队员快速往前跑。带动两腿加大幅度，快速向前摆动，冲过终点线。

三、竞赛规则与技术要领

（一）基本规则解析

1. 场地与器材

比赛在标准的田径场地上进行，场地线宽为 5cm，跑道分道宽 2.44 ～ 2.50m。比赛板鞋以长度为 100cm、宽度为 9cm、厚度为 3cm 的木料制成，每只板鞋配有三块宽度为 5cm 的护足面皮，分别固定在板鞋规定的距离上，以保护运动员的脚部安全。

2. 参赛人数与分组

每队由三名运动员组成，性别不限，但接力赛中通常第一棒为女子，第二棒为男子。根据参赛人数，具体确定赛次设置，预赛抽签分组，决赛按预赛成绩抽签排定道次。

3. 比赛流程

运动员需将板鞋置于起跑线前，共同套好板鞋，等待发令枪响后起跑。比赛过程中，运动员需保持身体稳定，步调一致，绕过指定点后才能往回跑。以第一名运动员身体躯干任何部位抵达终点线后沿垂直面瞬间为止，运动员的身体和板鞋须全部超过终点线后才能分离。

4. 犯规与判罚

若运动员在比赛过程中出现脚脱离板鞋触地或摔倒等情况，需在触地处重新套好板鞋继续比赛。若故意阻挡他队运动员，将视情节轻重给予警告或取消比赛资格等处罚。

（二）团队协作与步伐协调

三人板鞋竞速的核心在于团队协作与步伐协调。三名运动员必须如同一体，步调一致，才能在比赛中取得优异成绩。

1. 团队协作要领

（1）默契配合。运动员之间需要通过默契的眼神、手势等方式来互相提醒和协调动作。在比赛前，通过反复练习和磨合，形成高度的默契和信任。

（2）统一指挥。在比赛中，可以通过口令、拍手等方式来同步节奏，确保三人的步伐和速度保持一致。领跑的运动员应具备较强的节奏感和领导力，带领全队保持稳定的节奏。

（3）相互扶持。在转弯或加速等关键时刻，运动员之间需要相互扶持，确保不会因重心不稳而摔倒。这种扶持不仅体现在行动上的支持，更体现在心理上的鼓励和支持。

2. 步伐协调技巧

（1）保持平衡。运动员应将身体重心放在前脚掌上，膝盖微微弯曲，保持身体稳定。在比赛中，要尽量避免身体摇晃和晃动，以免影响速度和稳定性。

（2）步伐统一。三名运动员在起跑和奔跑过程中，应始终保持一致的步伐和节奏。可以通过多次练习和磨合，找到最适合团队的步伐频率和节奏。

（3）合理分配力量。在加速和冲刺阶段，运动员应根据自身力量和体能状况，合理分配力量。领跑的运动员应适当加速，带动全队前进；跟跑的运动员则需保持稳定的步伐和速度，确保全队不会脱节。

（三）训练方法与体能要求

三人板鞋竞速的训练需要科学的方法和系统的计划。通过科学的训练方法和合理的体能分配，可以提高运动员的竞技水平和团队协作能力。

1. 训练方法

（1）基础体能训练。包括力量、速度、耐力、柔韧性等方面的训练。通过举重、跑步、拉伸等练习，增强运动员的身体素质和运动能力。

（2）专项技能训练。针对三人板鞋竞速的特点，进行专门的步伐协调、平衡控制、团队协作等方面的训练。通过模拟比赛场景和反复练习，提高运动员的竞技水平和团队协作能力。

（3）心理训练。在比赛中，运动员的心理素质同样重要。通过心理训练，帮助运动员建立自信心和应对压力的能力。可以通过模拟比赛、心理辅导等方式进行心理训练。

2. 体能要求

（1）力量要求。三人板鞋竞速需要运动员具备较强的爆发力和力量，特别是腿部力量和腰部力量对于推动板鞋前进至关重要。因此，运动员需要进行专门的力量训练来提高这些部位的肌肉力量。

（2）耐力要求。比赛过程中需要保持较快的速度和稳定的步伐，对运动员的耐力要求较高。通过长跑、间歇训练等方法，可以提高运动员的有氧耐力和无氧耐力，确保在比赛全程中都能保持稳定的输出。

（3）速度要求。三人板鞋竞速作为竞速项目，速度自然是核心要素之一。运动员需要具备快速启动、加速和保持高速奔跑的能力。通过短距离冲刺、变速跑等训练手段，可以有效提升运动员的速度素质。

（4）协调性要求。三人板鞋竞速对运动员之间的协调性要求极高。运动员需要在快速奔跑的同时，保持身体平衡，并与队友保持步调一致。因此，协调性训练是必不可少的。通过平衡板、单脚站立等练习，可以增强运动员的平衡感和协调性。

（5）柔韧性要求。良好的柔韧性有助于运动员在比赛中更好地完成动作，减少受伤的风险。通过拉伸、柔韧性训练等，可以增加关节的灵活性和运动范围，提高运动员的整体表现。

在具体实施训练计划时，教练应根据运动员的实际情况和比赛需求，制订个性化的训练方案。同时，要注重训练的科学性和系统性，合理安排训练强度、密度和恢复时间，避免过度训练和运动员的疲劳积累。

另外，三人板鞋竞速的训练还需要注重团队协作的训练。在训练中，可以组织各种形式的团队活动，如团队接力赛、团队挑战赛等，以增强运动员之间的默契和信任。同时，还可以通过模拟比赛场景、设置障碍等方式，提高运动员在复杂情况下的应变能力和团队协作能力。

四、文化价值与社会功能

三人板鞋竞速作为广西壮族传统体育项目中的一颗璀璨明珠，不仅承载着丰富的历史文化内涵，还在现代社会中发挥着重要的文化价值与社会功能。它不仅促进了民族团结与融合，传递与弘扬了体育精神，更对青少年的身心健康产生了深远影响。

（一）促进民族团结与融合

三人板鞋竞速作为一项需要三人紧密协作的运动，其本质就蕴含了团结与合作的精神。在比赛中，三名运动员必须心往一处想，劲往一处使，才能以最快的速度冲向终点。这种团结协作的精神，不仅体现在赛场上，更深深植根于壮族人民的日常生活中，成为他们处理人际关系、促进社会和谐的重要基石。

1. 强化族群认同感

三人板鞋竞速作为壮族的传统体育项目，其独特的比赛形式和深厚的文化底蕴，让壮族人民在参与和观赏比赛中感受到强烈的族群认同感。这种认同感有助于增强民族凝聚力，促进族群内部的团结与和谐。

2. 促进多民族交流

随着三人板鞋竞速在全国乃至国际舞台上的展现，越来越多的其他民族乃至国际友人开始了解参与这项运动。在比赛和交流中，不同民族之间的文化碰撞与融合，促进了民族间的相互理解和尊重，为构建多民族和谐共处的社会环境提供了有力支持。

3. 增强社会凝聚力

三人板鞋竞速作为一项集体项目，其比赛过程本身就是一个团结协作、共同奋斗的过程。这种团结协作的精神不仅感染着参赛者本身，也深深触动着观众的心灵。它让人们意识到，在面对共同的目标和挑战时，只有团结一致、携手并进，才能取得最终的胜利。这种精神力量对于增强社会凝聚力、促进社会和谐具有重要意义。

（二）体育精神的传递与弘扬

三人板鞋竞速不仅是一项体育运动，更是一种体育精神的传递与弘扬。它蕴含着坚持不懈、勇于拼搏、团结协作等积极向上的精神品质，这些精神品质对于推动社会进步、促进个人成长具有重要意义。

1. 坚持不懈的精神

在三人板鞋竞速中，运动员需要付出大量的努力和汗水，进行长时间、高强度的训练。这种坚持不懈的精神不仅体现在训练过程中，更体现在比赛中的每一个瞬间。即使面对困难和挑战，运动员们也要咬紧牙关、坚持到底，这种精神激励着人们不断追求自己的梦想和目标。

2. 勇于拼搏的斗志

三人板鞋竞速作为一项竞速项目，其本质就是竞争与拼搏。在比赛中，运动员们需要充分发挥自己的潜力和能力，以最快的速度冲向终点。这种勇于拼搏的斗志不仅是对自己能力的挑战和突破，更是对对手的尊重和激励。它让人们意识到，只有敢于挑战自己、超越自己，才能在激烈的竞争中立于不败之地。

3. 团结协作的力量

三人板鞋竞速最显著的特点就是团结协作。在比赛中，三名运动员必须紧密配合、步调一致，才能发挥出最大的整体实力。这种团结协作的精神不仅体现在赛场上，更可以延伸到社会生活的各个领域。它让人们意识到，只有团结协作、互相帮助，才能共同创造更加美好的未来。

（三）对青少年身心健康的影响

三人板鞋竞速作为一项集体育性、娱乐性和教育性于一体的传统体育项目，对青少年的身心健康产生了积极的影响。它不仅有助于提高青少年的身体素质和运动能力，还有助于培养他们的意志品质和社会适应能力。

1. 提高身体素质和运动能力

三人板鞋竞速作为一项有氧运动项目，可以有效地提高青少年的心肺功能和耐力水平。同时，由于比赛需要运动员们进行快速奔跑和协调配合等动作，因此还可以锻炼青少年的肌肉力量和协调性。这些身体素质的提高对于青少年的健康成长和全面发展具有重要意义。

2. 培养意志品质

在三人板鞋竞速的训练和比赛中，青少年需要面对各种困难和挑战。他们需要付出大量的汗水和努力才能取得进步和成绩。这个过程不仅可以锻炼青少年的意志力和毅力，还可以培养他们不怕困难、勇于挑战的精神品质。这些品质对于青少年未来的学习和生活都将发挥重要作用。

3. 提高社会适应能力

三人板鞋竞速作为一项集体项目，需要运动员们进行紧密地协作和配合。在比赛和训练中，青少年需要与队友们建立良好的沟通和信任关系，共同面对挑战和困难。这个过程不仅可以锻炼青少年的团队协作能力和沟通能力，还可以培养他们的社会适应能力和人际交往能力。这些能力对于青少年在未来的社会生活中将发挥重要作用。

因此，我们应该积极推广和普及三人板鞋竞速等传统体育项目，让更多的人了解和参与其中，共同传承和弘扬中华优秀传统文化。

五、现代传承与发展路径

（一）现代西方体育的冲击与融合

随着现代化和全球化进程的加速，西方体育文化逐渐渗透到中国社会的各个角落，对壮族传统体育文化产生了深远的影响。篮球、足球、乒乓球等现代体育项目在壮族地区的普及，使得越来越多的青少年开始接触并热爱这些运动，然而这也给三人板鞋竞速等传统体育项目带来了前所未有的挑战。

面对这一挑战，壮族人民并没有放弃，而是积极寻求传统与现代之间的融合点。他们通过改良板鞋制作工艺、优化比赛规则、引入现代训练方法等手段，使三人板鞋竞速更加符合现代人的观赏和健身需求。同时，壮族人民还积极推广这一项目，吸引更多年轻人参与进来，为三人板鞋竞速的传承与发展注入了新的活力。

（二）青少年群体认同度的提升

青少年是文化传承的重要接班人，他们对三人板鞋竞速的认同度直接关系到这一项目的未来发展。为了提升青少年对三人板鞋竞速的认同度，壮族地区采取了一系列措施。首先，将三人板鞋竞速纳入学校体育教学计划，通过体育课和课外活动的形式，让青少年亲身体验这一项目的魅力。其次，举办各种形式的比赛和表演活动，为青少年提供展示自我、交流学习的平台。最后，还通过媒体宣传、文化讲座等方式，增强青少年对壮族传统体育文化的认识和了解。

这些措施的实施取得了显著成效。越来越多的青少年开始关注并参与到三人板鞋竞速中来，他们不仅掌握了这项技能，还从中感受到了团结协作、勇于拼搏的精神力量。这种精神力量将伴随他们成长，成为他们人生道路上宝贵的财富。

（三）政府与社会力量的支持

在三人板鞋竞速的传承与发展过程中，政府和社会力量发挥了重要作用。政府通过制定相关政策、提供资金支持、组织赛事活动等方式，为三人板鞋竞速的传承与发展提供了有力保障。同时，社会各界也积极参与其中，为这一项目的推广和普及贡献自己的力量。例如，国家民委、国家体育总局等部门将三人板鞋竞速列为全国少数民族传统体育运动会的正式比赛项目，为其在全国范围内的推广提供了重要平台。另外，一些企业和个人也通过赞助赛事、捐赠器材等方式支持三人板鞋竞速的发展。这些举措不仅为项目的顺利开展提供了物质保障，也增强了社会各界对壮族传统体育文化的关注和认同。

（四）国际交流与传播

在全球化的背景下，壮族三人板鞋竞速也开始走出国门，参与国际交流与展示。通过参加国际民族传统体育节、世界民族运动会等国际赛事，壮族三人板鞋竞速向世界展示了其独特的魅力，加深了国际社会对壮族文化的认识和了解。同时，这也为壮族三人板鞋竞速的国际化发展奠定了基础，吸引更多国际友人的关注和参与。

在国际交流的过程中，壮族人民不仅展示了他们的体育技能，还分享了背后的文化故事和历史传承，促进了不同文化之间的理解和尊重。这种跨文化的交流不仅增强了壮族文化的国际影响力，也为世界文化的多样性贡献了一份力量。

第二节　壮族狮舞

壮族狮舞（图 3-2）是中华民族传统文化宝库中的一颗璀璨明珠，不仅承载着深厚的民族历史记忆，还以其独特的艺术魅力和文化内涵，深受广大人民群众的喜爱。它融合了舞蹈、武术、音乐、美术等多种艺术形式，展现了壮族人民勤劳智慧、勇敢坚韧的民族性格和对美好生活的向往。

一、壮族狮舞的历史渊源

图 3-2 壮族狮舞

广西壮族狮舞的起源可追溯到宋朝。相传宋朝人们外出打猎时，会戴上假狮子面具，装扮成威猛的狮子冲在狩猎队前面，激烈的锣鼓声与众人的吆喝声交织在一起，野兽被赶进陷阱里。这个方法行之有效，人们捕获了许多害人的野兽，百姓的生活有了安全保障，不再受到野兽的骚扰破坏。人们便将狮子视为瑞物，可驱邪除害，永保丰年。自此，仿兽狮子舞就作为一种习俗流传下来。

另据史料载，明嘉靖三十四年（1555 年），壮族巾帼老英雄瓦氏夫人率田州、东兰、南丹七千五百名官兵东征阻击倭寇凯旋时，田州民众纷纷摆台设宴，组织盛大的舞狮活动欢迎瓦氏夫人及士兵荣归故里。从此，舞狮成为壮族人民特有的节日习俗，在每年的春节等喜庆日子里表演庆贺。

从前，广西民间一般以宗祠或朝社组织狮团，称"狮堂"。20 世纪 30 年代，广西各地区曾发起过声势浩大的"醒狮运动"，正月初一至十五为狮舞日期，然后选出本地最优秀的武技超群的狮队为代表，出席舞狮大会。比赛以强调狮舞的武技、难度为主，表演时场内锣鼓喧天、鞭炮齐鸣、气氛炽烈，获胜者赐"广西狮王"之称。

如今的壮族狮舞表演以田阳狮舞最为盛名。田阳狮舞历史悠久，节目丰富，技艺精湛，以地狮表演和高台表演为主。地狮表演是由戴大头和尚面具者逗引"狮子"

做舞狮动作；高台表演则融舞蹈、杂技、武术于一身，由一名手持彩球的引狮人引领"狮子"做各种扣人心弦的造型动作。有"狮子上金山""狮子过天桥""刀尖狮技""狮子梅花桩"等，其中又以"狮子上金山"为绝技招牌。表演时，狮子在引狮人率领下攀向由三十五张长条凳叠起的十七层、八米五高的"金山"，随着狮子边爬边在晃荡不定的绳索上跳跃、腾空、起舞，围观群众的情绪也为之高涨，大家纷纷叫好。有激动者会向"狮子"抛去鞭炮，而扮狮者更是身手敏捷，在鞭炮的轰炸中左躲右闪，终于，"狮子"伴着喧天的锣鼓声、鞭炮声、围观者的呐喊声跳上高台，展现雄狮之威。然后，直奔山顶，用嘴叼"青"，全场气氛也随"抢青"的成功达到高潮。舞狮者抢到"青"后回到地面，披红纱以显荣耀。

田阳壮族狮舞经过九代的传承与发展，已经传承到李洲文师傅（图3-3），他肩负起田阳壮族狮舞技艺的保护、传承和发展工作。田阳区非常重视非遗文化工作，通过传承基地、文旅融合、资金投入等多种有效措施，建立了"田阳舞狮艺术团""国家级非物质文化遗产舞狮技艺培训基地"，由李洲文师傅负责建设和管理。在这样的环境下营造了政府对非遗文化的重视氛围，李师傅继承和发扬舞狮文化优良传统，为广西非遗文化事业和经济社会发展做出巨大贡献。

田阳壮族狮舞传承谱系

第一代：许东和，男，1784年生，掌握狮舞技艺。

第二代：许昌良，许东和之子，1808年生，师从许东和，掌握狮舞技艺

第三代：许守平，许昌良之子，1834年生，师从许昌良，掌握狮舞技艺。

第四代：许其嘉，许守平之子，1857年生，师从许守平，掌握狮舞技艺。

第五代：许奇献，许其嘉之子，1878年生，师从许其嘉，掌握狮舞技艺。

第六代：许志远，许奇献之子，1905年生，师从许奇献，掌握狮舞技艺。

第七代：李云飞，许志远女婿，1927年生，师从许志远，掌握狮舞技艺。

第八代：李永茂，男，1948年生，受外祖父许志远、父亲李云飞影响，1960年开始学艺。经过苦练，李永茂既承下了武术套路，又接下了舞狮技艺。1976年组建田州镇舞狮队，开始参加狮舞演出。在实践过程中，既保留和弘扬了传统的套路，又善于不断挖掘创新，整理出一系列精湛的高空狮舞表演新套路。

第九代：李洲文，男，1979年7月生，李永茂的长子；李洲明，男，1984年生，李永茂的次子，两人跟随父亲学狮舞，长子李洲文成为自治区级非遗代表性传承人，次子李洲明成为市级非遗代表性传承人。

图3-3 田阳壮族狮舞代表性传承人谱系

二、壮族狮舞的艺术特色

（一）狮头造型与制作工艺

壮族狮舞的狮头造型，是其艺术特色的首要体现，它不仅具有较高的审美价值，还蕴含着丰富的文化内涵和象征意义（图3-4）。

1. 造型特点

壮族狮头的设计结合了自然界的狮子形象与民族审美观念，创造出既威猛又灵动的艺术形象。狮头通常分为大、中、小三类，以适应不同场合和表演需求。其面部特征鲜明，双眼圆睁，炯炯有神，透露出威严与智慧；鼻孔扩张，仿佛能嗅到远方的气息；嘴巴张合自如，既能表现狮子的凶猛，又能展现其温柔的一面。此外，狮头上还装饰有五彩斑斓的绒毛，以及象征吉祥如意的彩球、铃铛等饰物，使得整个狮头更加生动活泼，富有生命力。

图 3-4 壮族狮舞造型

2. 制作工艺

壮族狮头的制作工艺精湛复杂，体现了壮族人民高超的手工技艺和对美的追求。制作材料多选用竹篾、纱布、纸浆、牛皮纸等天然材料，既环保又耐用。制作过程大致可分为以下几个步骤。

（1）选材与备料。精选优质竹篾作为骨架材料，准备纱布、纸浆等作为塑形和固定材料。

（2）扎制骨架。根据设计好的狮头形态，用竹篾扎制出狮头的基本骨架，包括头部、眼睛、鼻子、嘴巴等部分。

（3）糊纸塑形。将纸浆或牛皮纸等材料浸湿后，一层层糊在骨架上，经过反复按压、修整，形成狮头的初步形态。

（4）彩绘装饰。待纸浆或牛皮纸完全干燥后，开始进行彩绘装饰。艺人们运用丰富的想象力和高超的绘画技巧，在狮头上绘制出各种图案和色彩，如祥云、花卉、动物等，既美观又寓意深远。

（5）安装五官与饰物。安装上精心制作的眼睛、鼻子、嘴巴等五官部件，以及彩球、铃铛等装饰物，使狮头更加栩栩如生。

整个制作过程不仅需要耐心和细致，更需要丰富的经验和艺术创造力，体现了壮族人民对美的极致追求和对传统文化的深厚情感。

（二）舞蹈风格与表演技巧

壮族狮舞的舞蹈风格独特，表演技巧高超，是壮族人民智慧和力量的集中展现（图3-5）。

1. 舞蹈风格

壮族狮舞以其雄浑有力、灵活多变的舞蹈风格著称。在表演过程中，舞狮者通过模拟狮子的各种形态和动作，如跳跃、翻滚等，展现出狮子的威猛与灵动。同时，舞狮者还注重与观众的互动，通过眼神交流、动作示意等方式，营造出一种热烈而和谐的氛围，使观众仿佛置身于狮子的世界之中。

2. 表演技巧

壮族狮舞的表演技巧主要包括以下几个方面。

（1）步伐稳健。舞狮者需具备扎实的武术功底，步伐稳健有力，能够支撑起沉重的狮头并进行各种高难度动作。

（2）动作协调。两人一狮的表演形式要求舞狮者之间必须默契配合，动作协调一致。无论是狮头的摆动、眼睛的转动还是嘴巴的张合，都需要两人通过长期的练习达到默契无间的境界。

（3）情感投入。舞狮者需要全身心地投入表演，通过面部表情、身体语言等方式传达出狮子的情感变化。这种情感投入不仅增强了表演的感染力，也使得观众能够更加深入地理解和感受壮族狮舞的艺术魅力。

（4）技巧创新。随着时代的发展和观众审美需求的不断提高，壮族狮舞在表演技巧上也不断进行创新。例如，引入现代舞蹈元素，运用高科技手段等，使得壮族狮舞在保持传统特色的同时，更加符合现代人的审美。

图 3-5　壮族狮舞高台表演

（三）音乐伴奏与节奏把握

壮族狮舞的音乐伴奏是其艺术表现的重要组成部分，它不仅能够烘托出舞蹈的氛围和情绪，还能够引导舞狮者的表演节奏和动作变化。

1. 音乐伴奏

壮族狮舞的音乐伴奏通常选用具有浓郁民族特色的乐器组合，如锣、鼓、钹、唢呐等。这些乐器音色各异、节奏鲜明，能够营造出热烈而欢快的氛围。在演奏过程中，乐手们根据舞蹈的节奏和情绪变化灵活调整演奏速度和力度，使得音乐与舞蹈完美融合，形成和谐统一的艺术效果。

一般来说，壮族狮舞的音乐伴奏往往包含多个层次和段落，以展现不同场景和情感。开场时，鼓声震天，锣声铿锵，营造出一种庄重而热烈的氛围，预示着狮舞的即将开始。随着舞蹈的推进，音乐逐渐变得欢快而激昂，鼓点加快，唢呐高亢，与舞狮者的动作相得益彰，将观众带入一个充满活力和激情的世界。高潮部分，音乐达到顶峰，各种乐器齐鸣，舞狮者的动作也最为激烈和精彩，整个场面壮观无比，令人叹为观止。最后，音乐逐渐柔和，节奏放缓，象征着狮舞的圆满结束和美好祝愿的传递。

2. 节奏把握

节奏是壮族狮舞的灵魂，它贯穿于整个表演过程之中，引导着舞狮者的每一个动作和步伐。舞狮者必须具备良好的节奏感，才能够准确地捕捉音乐的节奏变化，并将其转化为舞蹈动作的节奏变化。在节奏把握上，舞狮者需要做到以下几点。

（1）听音辨节。舞狮者需要时刻保持对音乐的敏锐感知，通过听觉捕捉音乐的节奏和旋律，为舞蹈动作提供准确的节奏依据。

（2）动作同步。舞狮者的动作必须与音乐的节奏保持同步，无论是快速地跳跃还是缓慢地摇摆，都需要与音乐的节奏相吻合，形成和谐统一的视觉效果。

（3）灵活应变。在表演过程中，舞狮者还需要根据音乐的节奏变化灵活调整自己的动作和步伐。例如，在音乐节奏加快时加快动作速度，在音乐节奏放缓时放缓动作速度，以保持与音乐的协调一致。

（4）情感共鸣。除了动作上的同步外，舞狮者还要通过情感上的共鸣来增强节奏感的表达。他们要将自己对音乐的感受和理解融入舞蹈动作中，通过面部表情和身体语言来传达出音乐的情感和意境。

这些元素相互融合、相互促进，共同构成了壮族狮舞这一独特的艺术形式。它不仅展现了壮族人民的智慧和创造力，也传承和弘扬了中华民族的优秀传统文化。

三、狮舞在壮族文化中的地位

壮族狮舞是广西壮族地区独特的文化遗产。它不仅是艺术形式的一种展现，更是民族精神、信仰与社区凝聚力的象征。

（一）驱邪避害的象征意义

在壮族传统观念中，狮舞被赋予了驱邪避害的神秘力量。这一观念源于古人对自然界力量的敬畏与崇拜，以及对美好生活的向往与追求。壮族人民相信，狮子作为百兽之王，拥有威猛无比的力量和神圣不可侵犯的地位。通过模仿狮子的形态与动作进行表演，舞狮者能够借助狮子的力量，驱散邪恶之气，保护家园的安宁与人民的安康。在春节期间或其他重要节日里，壮族村寨中常常会举行盛大的狮舞表演，以祈求来年的风调雨顺、五谷丰登和家庭和睦。这种驱邪避害的象征意义，不仅增强了人们对未来的信心与勇气，也加深了壮族人民对传统文化的认同与传承。

（二）节庆活动中的核心角色

在壮族的节庆活动中，狮舞无疑是不可或缺的核心角色。无论是春节、元宵节还是其他重要的传统节日，狮舞都是庆祝活动中的重要环节之一。舞狮队伍往往由数名经验丰富的表演者组成，他们身着色彩斑斓的服装，手持精致的狮头与狮尾，在激昂的鼓乐声中翩翩起舞。狮舞的表演形式多样，既有地面狮舞的活泼可爱，又有高空狮舞的惊险刺激。这些表演不仅展示了舞狮者的高超技艺与团队合作精神，更通过狮子的各种动作与神态，传达出节日的喜庆与欢乐。观众们在欣赏狮舞表演的同时，也感受到了浓厚的节日氛围与民族文化的魅力。因此，狮舞在壮族节庆活动中扮演着举足轻重的角色，它不仅是庆祝活动的亮点与高潮，更是连接过去与未来、传统与现代的重要桥梁。

（三）文化传承与社区凝聚

壮族狮舞不仅是艺术形式的一种展现，更是文化传承与社区凝聚的重要载体。在长期的历史发展过程中，壮族人民通过狮舞这一独特的艺术形式，将本民族的传统文化、宗教信仰、价值观念等传承下来。舞狮的每一个动作、每一个细节都蕴含着丰富的文化内涵与象征意义，它们通过代代相传的方式得以保留并发扬光大。同时，狮舞也是壮族社区凝聚力量的重要手段之一。在舞狮表演的过程中，参与者们需要密切配合、共同努力才能完成精彩的表演。这种合作精神不仅增强了社区成员之间的沟通与联系，也促进了社区的团结与和谐。另外，狮舞还常常作为社区文化活动的重要组成部分，吸引着广大居民的热情参与。通过参与狮舞表演或观看狮舞表演，居民们能够更加深入地了解本民族的文化传统与价值观念，从而增强对社区的归属感与认同感。因此，壮族狮舞在文化传承与社区凝聚方面发挥着不可替代的作用。

四、现代狮舞的创新与发展

在全球化与现代化的浪潮中，壮族狮舞作为中华民族传统文化的重要组成部分，正经历着前所未有的变革与发展。为了适应时代的需求，保持其生命力与活力，壮族狮舞在传承的基础上不断创新，积极融入现代元素与技术，加强国际交流，同时面对保护非物质文化遗产的挑战，探索出了一系列有效的对策。

（一）融入现代元素与技术创新

随着科技的进步和社会的发展，壮族狮舞在保持传统精髓的同时，开始积极融入现代元素与技术，以求在新的时代背景下焕发新的光彩。一方面，狮舞的服装设计更加多样化，不仅保留了传统的壮族民族特色，还融入了现代美学观念，采用更加鲜艳的色彩和独特的图案设计，使狮子的形象更加生动、活泼；另一方面，音乐伴奏也进行了创新，传统鼓乐与现代电子音乐相结合，创造出既具有民族特色又不失现代感的音乐效果，为狮舞表演增添了新的魅力。另外，灯光、舞台等现代科技手段的应用，更是将狮舞表演提升到了一个新的高度，使观众在视觉和听觉上都能体会到前所未有的震撼与享受。

技术创新方面，壮族狮舞也进行诸多尝试。例如，利用 3D 打印技术制作狮头模型，不仅提高了制作效率，还使得狮头的造型更加精细、逼真；通过虚拟现实（VR）和增强现实（AR）技术，观众可以在家中就能身临其境地观看狮舞表演，极大地拓宽了狮舞的传播渠道和受众范围。这些现代元素与技术的融入，不仅丰富了壮族狮舞的表现形式，还为其注入了新的活力与生命力。

（二）国际化交流与展示

在全球化的背景下，壮族狮舞不再局限于本土的庆祝活动，而是开始走出国门，走向世界舞台，成为连接不同国家和地区文化交流的桥梁。通过参加国际文化节、艺术节等活动，壮族狮舞得以在国际舞台上展示其独特的艺术魅力与文化价值。这些交流活动不仅促进了壮族狮舞的国际传播与认知度提升，也为其带来了更多的发展机遇与合作可能。

在国际化交流与展示的过程中，壮族狮舞也注重与其他文化的交流与融合。通过与不同国家和地区的舞狮团队进行切磋与交流，壮族狮舞吸收了其他文化的精华与特色，形成了更加多元化的艺术风格。同时，壮族狮舞也积极向外界展示其独特的文化内涵与民族特色，增强了国际社会对壮族文化的了解与认同。这种跨文化的交流与融合，不仅丰富了壮族狮舞的艺术内涵，也为其在国际舞台上赢得了更多的尊重与赞誉。

（三）保护非物质文化遗产面临的挑战与对策

作为非物质文化遗产的重要组成部分，壮族狮舞在传承与发展的过程中也面临着诸多挑战。一方面，随着现代生活方式的改变和外来文化的冲击，年轻一代对传统文化的兴趣逐渐减弱，导致壮族狮舞的传承人才短缺；另一方面，传统舞狮技艺的复杂性和高难度也使得其传承难度加大。另外，资金短缺、场地限制等问题也制约了壮族狮舞的发展。

面对这些挑战，壮族狮舞的传承者与保护者采取了一系列有效的措施。首先，加强宣传教育，提高公众对壮族狮舞的认知度与重视程度。通过举办培训班、讲座等活动，吸引更多年轻人参与到壮族狮舞的学习与传承中来。同时利用媒体、网络等渠道广泛宣传壮族狮舞的文化价值与艺术魅力，增强其社会影响力。其次，加大投入力度，改善传承条件。政府和社会各界应加大对壮族狮舞传承与发展的资金支持力度，改善其传承环境与条件。同时鼓励社会力量参与到壮族狮舞的保护与传承中来，形成多元化、多层次的保护体系。最后，推动创新发展，增强壮族狮舞的生命力。在保持传统精髓的基础上融入现代元素与技术进行创新与发展。同时加强与其他文化的交流与融合，形成独具特色的艺术风格以适应时代的需求，满足广大观众的审美需求。通过这些措施的实施，壮族狮舞在保护非物质文化遗产的道路上将走得更远更稳。

第三节　壮族壮拳

一、壮拳的历史渊源与流派

壮族壮拳（图3-6）是中华民族武术宝库中的重要组成部分，不仅承载着深厚的民族文化底蕴，更以其独特的风格与技艺在武术界独树一帜。其历史渊源深远，流派众多，既有丰富的武术传承，又展现出与其他武术流派交流融合的广阔图景。

图 3-6　壮族壮拳

（一）起源传说与武术传承

壮拳的起源可追溯至远古时期的百越文明。在那个生产力水平低下、战争频繁的年代，壮族先民为了生存与自卫，逐渐形成了尚武的传统。据史书记载，唐代时期，壮族地区的武艺已经相当高强，花山崖画中的"都老"形象及其练武功架，便是壮拳早期形态的生动写照。随着历史的推移，壮拳在壮族地区广泛流传，并逐渐形成了自己的风格与特点。

在武术传承方面，壮族人民历来重视武术的传承与发展。自明朝开始，男孩长到十来岁便要开始学习武术，这种习俗一直延续至中华人民共和国成立前后。当地土司不仅提倡群众习武，还延聘师傅传授武艺，使得壮拳在壮族地区得以广泛普及和深入发展。同时，壮族人民还通过家族传承、师徒传授等方式，将壮拳技艺代代相传，形成了独特的武术传承体系。

（二）壮拳的特点

壮拳作为壮族特有的拳种，具有鲜明的特点和独特的价值。

1. 民族性

壮拳在壮族的生活土壤中产生，是在壮族生产、生活的基础上发展形成的民间传统体育竞技运动。它深深植根于壮族的传统文化之中，是壮族文化的重要组成部分。壮拳主要分布于我国广西壮族自治区的南宁、崇左、百色、北海、钦州等地，具有鲜明的地域特色。

2. 娱乐健身性

壮拳的动作设计注重舒活筋骨、锻炼身体，通过练习壮拳，人们可以增强体质，提高身体素质。在互相竞技中，壮拳还能带给人们精神上的享受和满足，增强人们的自信和斗志。

3. 技击搏斗性

壮拳作为体育运动，与壮族古代军事斗争紧密相连，技术上仍不失攻防技击的特性。它强调拳、脚、膝、肘等部位的并用，完全放弃掌法、勾手等招式，以适应战场格斗的需要。壮拳的拳术和器械套路都注重实战应用，通过练习壮拳，人们可以掌握一定的格斗技能和自卫能力。

4. 群众适应性

壮拳内容丰富多彩，包括不同的拳种和器械，其动作结构、技术要求、运动风格和运动量都有所不同。因此，不同年龄、体质、性别和爱好的人都可以从中选择适合自己情况的项目进行锻炼，使得壮拳具有广泛的群众基础。

5. 艺术观赏性

壮拳作为壮族的传统竞技运动，与当地民俗、宗教、歌舞、戏曲、绘画、雕塑等关系密切，是壮族社会发展的重要见证。千百年来，壮拳以其独特鲜明的观赏性体现在社会各阶层的文化生活中，成为壮族文化的重要组成部分。

（三）与其他武术流派的交流融合

壮族壮拳在长期的发展过程中，不仅保持了自己的独特风格与技艺特色，还积极与其他武术流派进行交流与融合。这种交流融合不仅促进了壮族壮拳的不断发展与完善，也为中华武术的繁荣与发展做出了重要贡献。

1. 与中原武术的交流

自明清时期开始，随着中原文化的广泛传播，壮族壮拳逐渐吸收了中原武术的精髓与优点。例如，在拳术技法上借鉴了中原武术的拳法、腿法及攻防技巧；在武术理论上则吸收了中原武术的阴阳五行、经络学说等理论思想。这种交流与融合使得壮族壮拳在保持自己独特风格的同时更加完善与成熟。

2. 与南拳的交流

南拳作为中华武术的重要组成部分之一，与壮族壮拳有着密切的联系与交流。在明清时期"改土归流"后，随着中原文化的广泛进入壮族地区以及南方武术的兴起，壮族壮拳逐渐与南拳相互融合、相互借鉴。这种交流与融合使得壮族壮拳在招式、名称及技术风格上逐渐南拳化并相对完善其武术理论体系。同时南拳也吸收了壮族壮拳的一些独特技法与风格特点，如注重腿法的应用等。

3. 与国际武术的交流

随着全球化进程的加速推进以及中华武术在国际上的广泛传播与影响力的不断提升，壮族壮拳也开始走向世界舞台并与其他国家的武术流派进行交流与融合。例如通过参加国际武术比赛、文化交流活动等方式与其他国家的武术爱好者进行切磋与交流。同时积极学习借鉴其他国家的武术技法与经验以提升自身的技术水平与竞争力。这种交流与融合不仅促进了壮族壮拳的国际化发展，也为其注入了新的活力与生命力。

二、壮拳的技术体系与训练

（一）基本功与拳法套路

1. 基本功

壮拳的基本功是拳术学习的基础，也是提升技术水平的关键。它涵盖了身体素质的全面提升和拳术基础动作的扎实掌握。

（1）身体素质训练。

1）力量训练。通过负重练习（如石锁、石担）、俯卧撑、深蹲等，增强上肢、下肢及核心肌群的力量。

2）柔韧性训练。通过拉伸、柔术练习提高关节的灵活性和运动范围，减少受伤风险。

3）耐力训练。长跑、爬山等有氧运动可增强心肺功能，提高持久战斗力。

（2）基础动作训练。

1）站桩。通过长时间保持特定姿势，锻炼腿部力量、稳定性和平衡感。壮拳中的"站桩"便是典型的站桩练习。

2）打沙袋。利用沙袋的阻力进行拳法、腿法的击打练习，增强打击力度和准确性。

3）打树桩。通过击打坚硬的树桩，锻炼拳法的穿透力和硬度，同时培养心理承受能力。

4）走梅花桩。在高低不平的梅花桩上行走，提高身体的协调性和灵活性。

2. 拳法套路

壮拳的拳法套路丰富多样，每一套拳法都蕴含着深厚的技击原理和实战价值。以下列举部分具有代表性的拳法套路。

（1）擒功大王拳。此拳法注重擒拿与摔跌技法的结合，通过巧妙的擒拿手法和灵活的摔跌技巧制服对手。

（2）霸王锤。以刚猛著称，拳法势大力沉，直、摆、勾等多种拳法交替使用，形成强大的攻击力。

（3）梅花椿拳。结合梅花桩的练习，拳法灵活多变，步法轻盈敏捷，善于在移动中寻找攻击机会。

（4）踢打四门。以四门（东、南、西、北）为方向，结合拳、脚、膝、肘等多种技法进行全方位攻击，攻防兼备。

在练习拳法套路时，注重动作的规范性和准确性，通过反复练习达到动作的熟练和流畅。同时，还要注重体会拳法中的技击原理和实战应用，使拳法练习更加贴近实战需求。

（二）实战应用与对抗技巧

1. 实战应用

壮拳的实战应用主要体现在自卫防身和竞技对抗两个方面。

（1）自卫防身。在日常生活中，面对突发的暴力事件或攻击时，壮拳的技击技法可以发挥重要作用。通过运用拳、脚、膝、肘等部位的攻击和防守技巧，从而有效保护自身安全。

（2）竞技对抗。在武术比赛或擂台赛中，壮拳的实战应用得到进一步展现。运动员通过运用精湛的技击技法、灵活的战术安排和强大的心理素质，在激烈的对抗中争夺胜利。

2. 对抗技巧

（1）距离控制。在实战对抗中，保持适当的距离是取胜的关键。通过灵活的步法和身法调整与对手的距离，使自己处于有利的攻击位置。

（2）把握时机。抓住对手攻击的间隙或破绽进行反击是壮拳的重要对抗技巧。通过敏锐地观察和判断，准确捕捉对手的弱点并果断出击。

（3）防守反击。在防守的同时寻找反击的机会是壮拳的又一重要对抗技巧。通过运用格挡、闪避等防守技法化解对手的攻击，并迅速转入反击状态。

（4）心理战术。在实战对抗中，心理战术的运用同样重要。通过制造假象、诱敌深入等心理战术干扰对手的判断和决策，从而取得战斗的胜利。

（三）体能训练与心理调适

1. 体能训练

体能训练是壮拳训练的重要组成部分，它直接关系到运动员在比赛中的表现。壮拳的体能训练主要包括以下几个方面。

（1）力量训练。通过负重练习、器械训练等方式增强肌肉力量，提高打击力度和防守能力。

（2）耐力训练。通过长跑、游泳等有氧运动提高心肺功能，增强持久战斗力。

（3）速度训练。通过快速移动、反应练习等方式提高身体的敏捷性和反应速度。

（4）柔韧性训练。通过拉伸、柔术练习等方式提高关节的灵活性和运动范围，减少受伤风险。

在体能训练过程中，要注重训练的科学性和系统性，合理安排训练强度和训练量，避免过度训练和受伤情况的发生。

2. 心理调适

在壮拳训练中，心理调适十分重要。面对激烈的比赛和紧张的对抗环境，运动员需要具备良好的心理素质和稳定的心理状态。以下是一些心理调适的方法。

（1）目标设定。在心理调适的过程中，设定明确、具体且可实现的目标至关重要。这些目标不仅应涵盖技术层面的提升，如掌握某个高难度动作或提高某种技击技巧，还应包括心理素质的增强，如提升自信心、控制比赛中的紧张情绪等。通过设定目标，运动员能够保持训练的动力和方向感，同时也有助于在比赛中更好地应对各种挑战。

（2）情绪管理。情绪管理是心理调适的核心内容之一。壮拳运动员需要学会管理自己的情绪，特别是在比赛前和比赛中的紧张、焦虑等负面情绪。通过深呼吸、冥想、放松训练等方法，运动员可以有效地缓解紧张情绪，保持冷静和专注。另外，积极的心态和乐观的情绪也是提升运动员竞技表现的重要因素。

（3）模拟训练。模拟训练是心理调适的重要手段之一。通过模拟比赛场景和对手特点，运动员可以在接近实战的环境中进行训练，从而提前感受比赛节奏和氛围。在模拟训练中，运动员可以针对自己的薄弱环节进行有针对性地练习，同时也可以通过模拟胜利和失败来增强心理承受能力和应变能力。

（4）心理辅导。心理辅导是专业运动员在心理调适过程中可能需要的支持。专业的心理咨询师或心理教练可以通过与运动员的沟通和交流，帮助他们解决心理问题、调整心态、提升自信心。心理辅导不仅可以帮助运动员在比赛中发挥出更好的水平，还可以促进他们的个人成长和全面发展。

（5）团队协作与社交支持。团队协作和社交支持也是心理调适的重要方面。在壮拳训练中，运动员与教练、队友之间的紧密合作和相互支持可以为他们提供情感上的安慰和动力。通过分享经验、交流心得、互相鼓励等方式，运动员可以建立起深厚的团队精神和社交关系网络，从而在比赛中更加自信地面对各种挑战。

三、壮拳的文化内涵与社会价值

（一）尚武精神与民族性格

壮拳不仅仅是一种武技的展现，更是一种尚武精神的体现，深刻反映了壮族人民的民族性格和价值取向。

1. 尚武精神的核心

尚武精神在壮拳中体现为对武艺的崇尚、对力量的追求以及对勇气的颂扬。壮族人民自古以来便生活在多山多水的复杂环境中，这种自然环境要求他们具备强健的体魄和坚韧不拔的意志。壮拳的练习不仅锻炼了身体，更培养了人们面对困难不屈不挠、勇于挑战的精神风貌。在壮拳的每一个动作、每一次攻防转换中，都蕴含着对胜利的渴望和对自我的超越。

2. 民族性格的塑造

壮拳的刚猛、直接、实用，与壮族人民的性格特征紧密相连。壮族人民性格豪爽、直率，崇尚力量与勇敢，这种性格在壮拳中得到了充分的体现。壮拳动作粗犷、形象朴实，功架沉实稳健，拳式刚猛，步法稳固，动作紧促，多短打，少腿法，多跳跃，身居中央，八面进退。这些特点不仅使壮拳在实战中具有很高的价值，也反映了壮族人民坚韧不拔、奋勇向前的民族精神。

（二）自卫防身与强身健体

壮拳作为一种传统武术，其自卫防身与强身健体的功能是其核心价值之一。在现代社会中，随着生活节奏的加快和安全隐患的增多，人们对自卫防身技能的需求日益增强。而壮拳以其独特的技击技巧和强健体魄的功效，成为人们学习自卫防身技能的理想选择。

1. 自卫防身的实用性

壮拳在技术上注重攻防技击的特性，将技击寓于搏斗运动与套路运动之中。其动作设计科学合理，注重实战效果，能够在紧急情况下迅速做出反应，有效保护自身安全。另外，壮拳还强调"以礼以待、以德服人"的道德观念，使习练者在掌握自卫防身技能的同时，也能够树立正确的价值观和道德观。

2. 强身健体的功效性

壮拳的练习不仅能够提高身体素质，还能够促进身心健康。在练习过程中，通过伸屈、回环、平衡、跳跃、翻腾等复杂多样的动作，使人体的各个部位都得到充分锻炼。这种全身性的运动方式，有助于增强肌肉力量、提高身体柔韧性、改善心肺功能等。同时，壮拳还注重呼吸与动作的协调配合，通过发声吐气等方式助长发力，使习练者在运动中达到身心合一的境界。

（三）对地方文化认同的强化

壮拳作为壮族传统文化的重要组成部分，对地方文化认同的强化具有重要意义。通过学习和传承壮拳，人们能够更深入地了解壮族的历史文化、民族精神和价值观念，从而增强对地方文化的认同感和归属感。

1. 文化认同的增强

壮拳作为壮族独特的文化符号之一，承载着丰富的文化内涵和历史记忆。通过学习和传承壮拳，人们能够感受到壮族文化的独特魅力和深厚底蕴，进而产生对地方文化的认同感和自豪感。这种文化认同感的增强，有助于促进民族团结和社会稳定。

2. 地方文化的传承与发展

壮拳的传承与发展是地方文化传承与发展的重要组成部分。通过培养壮拳传承人、举办壮拳比赛和表演等活动，可以推动壮拳文化的传播和普及，使更多的人了解和认识壮族文化。同时，这些活动也为地方文化的传承与发展注入了新的活力和动力。

3. 民族自信心的提升

壮拳作为壮族文化的瑰宝之一，其独特风格和卓越成就不仅展示了壮族人民的智慧和勇气，也体现了中国传统文化的多样性和包容性。通过学习和传承壮拳，人们能够感受到中国传统文化的博大精深和独特魅力，进而提升民族自信心和自豪感。这种民族自信的提升，有助于激发人们的爱国热情和创新精神，推动社会进步和发展。

第四节　壮族抛绣球

一、抛绣球的传统习俗与规则

（一）抛绣球的历史渊源

每年农历三月初三，是壮族、侗族、苗族、瑶族等多个少数民族的传统节日，也是壮族人民最为盛大的庆典之一。这一天，广西各地的少数民族群众身着节日盛装，欢聚在歌圩，歌声、笑声交织成一幅幅生动的民俗画卷。抛绣球（图3-7）作为这一节日庆典中的一项重要娱乐活动，不仅承载着深厚的民族情感，也展现了壮族人民的智慧与才艺。

图 3-7　抛绣球

抛绣球的历史悠久，可追溯到春秋战国时期。当时，人们在作战和狩猎中使用青铜铸造的古兵器"飞砣"进行甩投，这便是抛绣球的雏形。随着时代的发展，飞砣逐渐演变为手工制作的绣花布囊，即现在的绣球。唐代以后，抛绣球逐渐成为壮族男女青年茶余饭后的娱乐活动，后发展成为传情达意的方式。宋代周去非在《岭外代答》中就有"上巳日男女聚会，各为行列，以五色结为球，歌而抛之，谓之飞砣，男女目成，则女受砣而男婚已定"的记载，生动描绘了当时抛绣球的情景。

在"三月三"歌圩中，抛绣球活动尤为热闹。壮族青年男女通过抛接绣球，不仅增进了彼此间的友谊，还寻找着自己的意中人。小伙子若看上哪位姑娘，便会在其绣球上系上自己的小礼物，抛去以示爱意。这种独特的传情方式，使得抛绣球活动充满了浪漫与温馨。

（二）抛接技巧与得分规则

抛绣球活动看似简单，实则蕴含着丰富的技巧与规则。在比赛中，抛绣球主要分为高杆抛绣球和背篓抛绣球两种形式。

1. 高杆抛绣球

参赛人员需站在规定位置，面对高杆，通过转、甩、抛、接等动作，将绣球准确地穿过彩环。这一过程中，提绳、伸臂、抖腕、送指等动作需一气呵成，以确保绣球获得合适的速度和角度。参赛者还需具备良好的耐力、速度和技巧，才能在规定时间内完成多次往返抛投，提高得分。

2. 背篓抛绣球

这是一种团体比赛形式，一支队伍由4名抛球手和1名接球手组成。抛球手需将绣球抛向接球手背后的背篓中，以投中次数计算得分。比赛前，队员们需商量本队绣球的摆放策略，以便更好地进行接力。接球手则需灵活调整站位和姿势，以接住抛来的绣球。这一比赛形式不仅考验了抛球手的投掷技巧，还考验了团队之间的默契与配合。

在抛绣球比赛中，得分规则通常根据抛球的准确性、速度和数量来确定。例如，在高杆抛绣球中，穿过彩环的绣球数量越多，得分越高；在背篓抛绣球中，投中背篓的绣球数量越多，用时越短，则得分越高。另外，比赛还设有犯规和违例的判定标准，以确保比赛的公平性和公正性。

（三）抛绣球的制作与玩法

尽管抛绣球在壮族地区广为流传，但不同地区的玩法却存在一定差异。

1. 绣球制作

在广西壮族地区，抛绣球比赛使用的绣球通常由绸布或花布制成，直径约为5～6cm，内装细沙与木屑的混合物，重量标准为150g。球的中心位系着一条长90cm的绳子，便于抛投。而在一些地区，绣球的制作可能更加精美，装饰有华丽的图案和色彩，以体现民族特色和艺术价值。

2. 比赛形式

除了高杆抛绣球和背篓抛绣球外，一些地区还创造了其他形式的抛绣球比赛。例如，男女青年各站一边，分成两队进行抛接比赛。甲队选出两名歌手抛绣球至乙队并唱一首壮歌，乙队接到绣球后派两名歌手在最短的时间内将球送还甲队并回歌一首。这种比赛形式不仅考验了抛接技巧还考验了歌唱能力，使得比赛更加丰富多彩。

3. 对歌与抛绣球相结合

在广西的一些地区，抛绣球与对歌活动紧密相连。男女青年在抛接绣球的同时进行对歌比赛，通过歌声表达情感、传递信息。这种结合不仅增强了抛绣球活动的趣味性，还丰富了民族文化的内涵。

4. 社区与家族间的竞赛

在一些壮族聚居的村落，抛绣球不仅是节日庆典的娱乐活动，还是社区内部或家族间展示实力与团结的重要方式。每年特定时节，各村或家族会组织抛绣球比赛，邀请周边地区的队伍参与。在比赛过程中，队员们不仅全力以赴争夺荣誉，还通过这一平台加深彼此间的了解与友谊。这种社区与家族间的竞赛，不仅丰富了村民的文化生活，还增强了社区的凝聚力和向心力。

二、抛绣球的文化寓意

抛绣球作为广西壮族人民独具特色的传统体育活动，不仅承载着深厚的民族文化内涵，还蕴含着丰富的象征意义。

（一）爱情与婚姻的象征

抛绣球在壮族文化中，首要且最为人熟知的寓意便是爱情与婚姻的象征。这一习俗源远流长，可追溯至汉代乃至更早时期，其发展历程充满了浪漫与传奇色彩。

1. 爱情的信物

在壮族地区，抛绣球是青年男女表达爱慕之情的独特方式。当一位男子对某位女子心生爱意时，他会精心制作一个绣球，并在适当的场合抛向她。如果女子接受了这份情感，她便会接住绣球，并可能回赠手帕、香包等物品，以此表示接受爱意。绣球因此成为爱情的信物，寓意着美好、纯洁的爱情。这一习俗不仅体现了壮族青年男女自由恋爱的精神，也反映了他们勇于追求幸福生活的态度。

2. 婚姻的媒介

随着时间的推移，抛绣球逐渐演变成了壮族男女青年选择伴侣的重要媒介。在"三月三"歌节等传统节日中，年轻的男女们会聚集在一起，通过抛绣球的方式相互试探和了解。如果一位男子成功接到某位女子抛出的绣球，就意味着他已经得到这位女子的青睐，两人便可以在未来的日子里进一步交往，最终走向婚姻的殿堂。这种方式不仅为青年男女提供了自由恋爱的机会，也促进了族群的繁衍和社会的发展。

3. 婚姻自主的精神

在传统壮族社会中，婚姻往往受到家族和社会的诸多限制。然而，抛绣球这一习俗却为青年男女提供了一个相对自由的选择伴侣的机会。通过抛绣球的方式，男女双方可以相互了解、相互欣赏，从而决定是否要在一起。这种自由恋爱的精神在壮族社会中得到了广泛地认可和传承，成为壮族文化的一部分。

（二）祈福与吉祥的寄托

抛绣球不仅象征着爱情与婚姻，还寄托了壮族人民对美好生活的祈愿和祝福。绣球上精美的图案和五彩斑斓的颜色，都蕴含着吉祥如意、幸福美满的寓意。

1. 农作物丰收的祈愿

壮族以农耕为主，农作物的丰收与否直接关系到他们的生计和福祉。因此，在各种祭祀、祈年的仪式中，农作物种子及播种、耕种等生产劳动形式都是表现的主题。抛绣球活动通常在春季种植季节举行，绣球内装满种子，寓意着"五谷丰登"的好兆头。这种习俗不仅体现了壮族人民对农作物丰收的殷切期望，也反映了他们勤劳、勇敢和智慧的品质。

2. 吉祥图案的寓意

绣球上的图案通常代表着吉祥的寓意，如龙、凤、鱼、鸟等。这些图案不仅美观大方，而且蕴含着深厚的文化内涵和象征意义。龙和凤在中国传统文化中都是吉祥的象征，代表着权力、尊贵和幸福；鱼寓意着年年有余、富足安康；鸟则象征着自由和美好。这些图案的巧妙组合，不仅展示了壮族人民对美好生活的向往和追求，也体现了他们独特的审美观念和艺术创造力。

3. 节日庆典的喜庆氛围

在壮族的各种传统节日中，抛绣球都是必不可少的活动之一。每当节日来临之际，壮族人民便会穿上节日盛装，聚集在一起举行盛大的庆典活动。抛绣球作为其中的一项重要活动，不仅增添了节日的喜庆氛围，也促进了族群内部的团结和和谐。通过抛绣球的方式，人们可以相互传递祝福和喜悦之情，共同庆祝这个属于他们的特殊日子。

（三）手工艺与美学的展现

抛绣球不仅具有深厚的文化内涵和象征意义，还展示了壮族人民精湛的手工艺和独特的美学观念。

1. 绣球的制作工艺

绣球的制作工艺十分复杂精细，需要经过多道工序才能完成。首先，制作者需要选择优质的丝绸或布料作为底料；然后，根据设计好的图案进行刺绣；最后，将刺绣好的布片缝合在一起形成球体并填充适量的填充物，如豆粒、棉花籽等。在制作过程中，制作者需要充分发挥自己的想象力和创造力，将各种吉祥图案巧妙地组合在一起形成美观大方的绣球。这种精湛的手工艺不仅体现了壮族人民的智慧和勤劳品质，也展示了他们独特的审美观念和艺术创造力。

2. 绣球的美学价值

绣球作为一种工艺品和装饰品，具有很高的美学价值。首先，绣球上的图案和色彩都充满了艺术感染力。图案的巧妙组合和色彩的和谐搭配使得绣球看起来既美观又大方。其次，绣球的形状和质地也充满了美感。球体形状的设计使得绣球看起来圆润可爱，而丝绸或布料的质地则使得绣球摸起来柔软舒适。最后，绣球的寓意和象征意义也增加了其美学价值。每一个绣球都承载着制作者的美好祝愿和期许，使得它不仅仅是一件物品，更是一种情感的传递和文化的承载。

3. 绣球与民族服饰的和谐共生

在壮族的传统服饰中，绣球也扮演着重要的角色。壮族女性常将绣球作为头饰、胸饰或腰饰佩戴，不仅增添了服饰的华丽感，还体现了她们对美好生活的追求和热爱。绣球的色彩与服饰的色彩相互呼应，图案与服饰的图案相互映衬，形成了一种和谐统一的美学效果。这种将绣球融入民族服饰的做法，不仅展示了壮族人民对手工艺和美学的独特理解，也体现了他们对传统文化的尊重和传承。

4. 绣球艺术的传承与发展

随着时代的变迁和社会的发展，绣球艺术也在不断地传承与发展中。一方面，传统的绣球制作工艺得到了有效地保护和传承，许多壮族地区的家庭和学校都开设了绣球制作课程，培养了一批批年轻的绣球制作人才；另一方面，现代设计理念和技术的引入也为绣球艺术注入了新的活力。一些设计师将传统图案与现代元素相结合，创造出既具有民族特色又符合现代审美需求的绣球作品。这些创新不仅丰富了绣球艺术的表现形式，也拓宽了绣球艺术的市场空间。

总之，壮族抛绣球作为一种具有深厚文化内涵和象征意义的传统体育活动，不仅承载着爱情与婚姻的美好寓意，还寄托了壮族人民对美好生活的祈愿和祝福。同时，它还展示了壮族人民精湛的手工艺和独特的美学观念，成为壮族文化不可或缺的一部分。

三、抛绣球的现代发展与推广

（一）体育赛事的引入与规范化

抛绣球作为广西壮族最具民族特色的传统体育项目之一，其发展历程不仅见证了壮族文化的深厚底蕴，也展现了现代体育竞技的规范化与国际化趋势。自20世纪80年代以来，广西地区对抛绣球运动进行了系统的挖掘、整理与规范，使其逐渐从民间娱乐活动转变为正式的体育竞赛项目。

1. 赛事制度的建立

1986年，广西正式设立抛绣球比赛，标志着抛绣球运动正式进入竞技体育领域。随后，广西体委组织专家团队，对抛绣球的比赛规则、裁判方法进行了深入研判，以确保比赛的公平、公正与规范。1989年，广西体委专门培养了一批专业的裁判队伍，并制定了详细的抛绣球比赛规则，包括高杆抛绣球和背篓抛绣球两个项目，设男、女单项和团体三个奖项。这些举措为抛绣球运动的规范化发展奠定了坚实基础。

2. 赛事体系的完善

随着抛绣球运动的不断发展，其赛事体系也日益完善。从最初的地区性比赛，到后来的省级、国家级乃至国际性的比赛，抛绣球运动的影响力不断扩大。特别是自1991年第四届全国少数民族传统体育运动会以来，广西绣球队多次在全国性比赛中亮相，展示了壮族抛绣球的独特魅力。另外，广西还定期举办各种形式的抛绣球邀请赛、友谊赛等，进一步推动了抛绣球运动的普及与发展。

3. 竞技水平的提升

随着赛事制度的建立和完善，抛绣球运动的竞技水平也得到了显著提升。运动员们通过专业训练，不仅掌握了更加精准的抛接技巧，还提高了力量、速度、耐力和灵活性等身体素质。在比赛中，他们展现出了高超的技艺和顽强的拼搏精神，为观众带来了精彩的视觉盛宴。同时，高水平的竞技比赛也促进了抛绣球技术的交流与传播，推动了整个项目的发展进步。

（二）旅游文化产品的开发

抛绣球作为壮族文化的代表性元素之一，其独特的文化内涵和审美价值为旅游文化产品的开发提供了丰富的资源。近年来，广西地区充分利用抛绣球这一文化资源，开发了一系列具有地方特色的旅游文化产品，不仅丰富了旅游市场的供给，也促进了当地经济的发展。

1. 绣球工艺品的开发

广西绣球工艺品以其精美的制作工艺和独特的民族风格深受游客喜爱。传统上，绣球多由彩绣做成，以红、黄、绿三色为底及面料，成品大多为12瓣，每瓣绣上各式吉祥物，如梅、兰、菊、竹等花卉图案或春燕、龙、凤等动物图案。现代工艺中，这些传统元素被巧妙地融入现代设计理念中，创造出既具有民族特色又符合现代审美需求的绣球工艺品。这些工艺品不仅作为旅游纪念品销售给游客，还成为当地文化产业的重要组成部分。

2. 旅游体验项目的开发

除了绣球工艺品外，广西还开发了多种以抛绣球为主题的旅游体验项目。例如，在旅游景点设置抛绣球表演区或体验区，让游客亲身体验抛绣球的乐趣；在民族节庆活动中组织抛绣球比赛或展示活动，吸引游客参与和观赏；将抛绣球元素融入地方特色产品的包装设计中，如壮家酒、美食、饮料等产品的包装上印有绣球图案等。这些体验项目不仅丰富了游客的旅游体验，也促进了当地文化的传播与交流。

3. 文化旅游线路的打造

为了进一步推广抛绣球文化，广西还积极打造以抛绣球为主题的文化旅游线路。这些线路将抛绣球运动与当地的自然风光、人文景观相结合，形成了一条条独具特色的旅游线路。游客在游览过程中不仅可以欣赏到壮美的自然风光和丰富的历史文化遗迹，还可以深入了解抛绣球运动的起源、发展及其所蕴含的文化内涵。这种文化旅游线路的打造不仅提升了旅游产品的附加值，也促进了当地经济的多元化发展。

（三）教育领域的普及与传承

教育是文化传承的重要途径之一。在抛绣球运动的现代发展中，教育领域的普及与传承发挥着不可替代的作用。通过学校教育、社会教育等多种方式，抛绣球运动得以在年轻一代中传承和发展。

1. 学校体育课程的设置

抛绣球运动已被正式纳入广西高校和中小学的体育课程之中。通过体育课程的设置和教学活动的开展，学生们可以系统地学习抛绣球的基本技巧、比赛规则以及相关的文化背景知识。这种将传统体育项目融入学校体育课程中的做法不仅丰富了学生的体育课程内容，也培养了他们对传统文化的兴趣和热爱。同时，学校还定期举办各种形式的抛绣球比赛和展示活动，为学生们提供了展示自我、交流技艺的平台。

2. 社会教育活动的推广

除了学校教育外，社会教育活动也是推广抛绣球运动的重要途径之一。广西各地经常举办各种形式的抛绣球培训班、讲座和展示活动，邀请专业教练和专家为社区居民、青少年及文化爱好者传授抛绣球的技巧和文化内涵。这些活动不仅增强了公众对抛绣球运动的了解与兴趣，还促进了传统文化的普及与传承。

3. 非物质文化遗产的保护与传承

抛绣球作为广西壮族的一项非物质文化遗产，其保护与传承工作得到了国家和地方的高度重视。广西壮族自治区政府及文化部门通过制定相关政策、法规，为抛绣球的传承与发展提供了法律保障。同时，他们还加大对抛绣球传承人的扶持力度，通过资金补助、荣誉表彰等方式，鼓励更多年轻人投身到这一传统技艺的传承中来。广西还建立了非物质文化遗产保护中心和研究机构，对抛绣球的起源、发展、特点和文化价值进行深入研究，为抛绣球的传承与发展提供理论支持。

4. 教育资源的开发与利用

在推广抛绣球运动的过程中，教育资源的开发与利用也显得尤为重要。广西地区的高校和研究机构积极参与到抛绣球的教育资源开发中来，他们通过编写教材、制作教学视频、开发教学软件等方式，为抛绣球的教学提供了丰富的资源。同时，这些教育资源也通过网络平台、数字图书馆等渠道向全国乃至全球推广，让更多人能够接触到抛绣球这一独特的传统体育项目，感受其背后的文化魅力。

第五节 竹竿舞

竹竿舞是广西壮族地区独特的传统舞蹈形式，以其独特的舞蹈结构、鲜明的节奏特点、精湛的竹竿敲击技巧以及丰富的舞蹈服装与道具，展现了壮族人民深厚的文化底蕴和独特的艺术魅力。

一、竹竿舞概述

（一）竹竿舞的起源与演变

竹竿舞（图3-8）起源于我国盛产竹子的南方，深受黎族、京族、瑶族、壮族、苗族、畲族等群众的喜爱。竹竿舞原是黎族的一种古老的祭祀方式，黎家经过辛勤耕作，换得新谷归仓时，村里男女老少喜气洋洋，身穿节日盛装，家家户户炊制新米饭、酿造糯米酒、宰杀家养禽畜，跳起竹竿舞，祭祀祖宗和神灵。宋朝时，大文学家苏轼在结束流放生活离开海南时，黎族的父老乡亲以"黎歌弯舞"的方式欢送，苏轼因此写下了"蛮舞与黎歌，余音犹沓沓"的与竹竿舞有关的诗句。京族的竹竿舞也因娱神而产生。每逢瑶族传统的重大节日，村民就自发地组织一些传统的"拜王""耍歌堂"的活动，其中就有竹竿舞。佤族一般在寨中有威望、有影响的老人死后，以碓杵击打竹竿而舞为老人祈福。竹竿舞也是苗族群众在生产生活中自创的一种自娱性舞蹈，主要表现苗族青年男女对爱情的追求与理想，一般在重大节庆日与迎接贵客时演出。

图3-8 竹竿舞

（二）竹竿舞的传承与发展

随着时代的变迁，竹竿舞的祭祀、娱神色彩逐渐消失，成为一种极具娱乐和健身功能的休闲活动，被称为"东方的健美操"。在广西壮乡，每逢"三月三"歌坪，千名壮族青年男女以跳竹竿舞来庆祝自己的节日，形成了千人齐跳竹竿舞的壮观景象。壮族竹竿舞还成为一种可以与游客共舞的娱乐性较强的活动。在旅游区，一般是由十几名或几十名工作人员敲击竹竿，在跳竿者的引领下让游客参与其中的竹竿舞已被赋予了剧情供游客观看欣赏，一般分山间偶遇、搭桥过河、相恋、抬新娘回家四个环节，每个环节都流露出壮族青年男女真挚的情感与古朴自然的美。

二、竹竿舞的基本形式与风格

（一）舞蹈结构与节奏特点

竹竿舞，又称"跳竹竿"，是一种在两根或多根竹竿之间跳跃的舞蹈形式。其舞蹈结构通常由准备阶段、表演阶段和结束阶段三部分组成。

1. 准备阶段

在竹竿舞开始之前，需要精心布置场地和准备道具。场地一般选择平坦、宽敞的空地，以便舞者能够自由跳跃。道具则主要是竹竿，通常选用质地坚硬、粗细适中的竹子制成，长度约为 $1.5 \sim 2m$，直径约为 $3 \sim 5cm$。竹竿的颜色多为绿色或黄色，既美观又符合壮族人民对自然色彩的喜爱。另外，还需要准备音响设备，用于播放伴奏音乐，以增强舞蹈的氛围和节奏感。

2. 表演阶段

表演阶段是竹竿舞的核心部分，包括竹竿的敲击与舞者的跳跃两个主要环节。竹竿的敲击通常由若干名击竿者共同完成，他们分列于竹竿两侧，双手各执一根竹竿的一端，随着音乐的节奏来回滑动竹竿，使竹竿有节奏地合击与分开。这种敲击声不仅具有强烈的节奏感，还能模仿雷声、鸟叫等自然声音，营造出独特的氛围。

舞者的跳跃则是竹竿舞的灵魂所在。他们需要根据竹竿的开合节奏，敏捷地在竹竿之间进退跳跃。舞者的动作通常包括跳跃、踏步、旋转、摆动等基本动作，这些动作需要高度的协调性和灵活性。在跳跃过程中，舞者还会根据音乐的节奏和个人的创意，做出各种优美的动作和造型，展现出独特的舞蹈风格。

3. 节奏特点

竹竿舞的节奏特点鲜明而独特。其节奏主要由竹竿的敲击声和音乐的伴奏声共同构成。竹竿的敲击声具有强烈的节奏感和韵律感,能够引导舞者的动作和节奏。而音乐的伴奏则进一步丰富了竹竿舞的节奏层次和表现力,使舞蹈更加生动、活泼。在竹竿舞中,节奏的快慢、强弱变化往往与舞者的动作和情绪紧密相连,形成了独特的舞蹈韵律和风格。

(二)竹竿敲击的技巧与配合

竹竿敲击是竹竿舞中至关重要的环节之一,其技巧与配合直接影响到舞蹈的整体效果。

1. 敲击技巧

竹竿敲击的技巧主要包括力度控制、节奏把握和协调性三个方面。力度控制是指击竿者在敲击时要根据音乐的节奏和舞蹈的需要调整敲击的力度大小,使竹竿的敲击声既不过于生硬也不过于柔弱。节奏把握则是指击竿者要准确地掌握音乐的节奏和竹竿的开合节奏,确保敲击声与音乐节奏相协调。协调性则是指击竿者之间要相互配合默契,使竹竿的敲击声形成和谐、统一的节奏效果。

2. 配合方式

竹竿敲击的配合方式多种多样,主要包括单人敲击、双人配合和多人协作三种形式。单人敲击适用于简单的舞蹈场景或初学者练习时使用;双人配合则要求两名击竿者之间的默契程度较高,能够准确地掌握对方的节奏和动作;多人协作则是在大型舞蹈表演中常见的形式,需要多名击竿者之间紧密配合,共同营造出宏大的舞蹈场面和氛围。

在配合过程中,击竿者之间需要通过眼神交流、手势示意等方式保持密切联系和沟通,确保竹竿的敲击声和舞蹈的节奏始终保持一致。同时,他们还需要根据舞者的动作和情绪变化灵活调整敲击的节奏和力度,以更好地配合舞者的表演。

(三)舞蹈服装与道具的使用

舞蹈服装与道具是竹竿舞表演中的重要元素之一,它们不仅能够增强舞蹈的视觉效果和艺术感染力,还能够反映出壮族人民的审美观念和文化传统。

1. 舞蹈服装

竹竿舞的舞蹈服装通常以壮族传统服饰为基础进行设计和制作。男性舞者多穿着对襟衫、长裤和布鞋等服饰;女性舞者则穿着色彩鲜艳、图案精美的民族服饰,如绣花衣、百褶裙等。这些服饰不仅具有浓郁的民族特色和地方风情,还能够展现出舞者的优美身姿和舞蹈的韵律之美。在舞台上表演时,舞者还会佩戴各种饰品,如银饰、彩带等以增加舞蹈的视觉效果和表现力。

2. 道具使用

竹竿作为竹竿舞的主要道具之一，在舞蹈表演中发挥着至关重要的作用。除了作为敲击的工具外，竹竿还可以作为舞者展示技巧和协调性的重要载体。在舞蹈中，舞者需要巧妙地利用竹竿的开合节奏和敲击声进行跳跃和旋转等动作来展示自己的技艺和风采。另外，竹竿的颜色、材质和长度等也是道具设计中需要考虑的重要因素，它们能够影响舞蹈的整体视觉效果和氛围营造。

除了竹竿本身，竹竿舞的表演有时还会融入其他传统道具，如扇子、彩绸、鼓等，以丰富舞蹈的内容和表现形式。这些道具的使用不仅增加了舞蹈的观赏性和艺术性，还通过不同的组合和变化，展现了壮族文化的多样性和包容性。例如，扇子可以随着舞者的动作轻轻挥动，增添一份柔美与灵动；彩绸则可以在空中飘舞，营造出梦幻般的视觉效果；鼓的敲击声则可以与竹竿的敲击声相互呼应，形成更加复杂的节奏层次。

在道具的使用上，舞者需要具备良好的技巧和协调性，以确保道具与舞蹈动作的完美融合。他们需要通过长时间的练习和磨合，掌握道具的使用方法和技巧，使道具成为舞蹈表演中重要的一部分，而不是简单的装饰或附加品。

三、竹竿舞的社会功能

竹竿舞不仅承载着丰富的历史与文化内涵，还在现代社会中发挥着多样的社会功能。

（一）社交娱乐与情感交流

竹竿舞不仅是一种文化象征，更是一种社交娱乐和情感交流的重要方式。在竹竿舞的表演过程中，舞者们需要相互配合、默契协调，这不仅考验了他们的舞蹈技巧，更促进了他们之间的情感交流。

1. 社交功能的体现

竹竿舞的表演往往需要多人共同完成，这为壮族人民提供了良好的社交平台。在舞蹈过程中，青年男女有机会相互接触、了解，从而增进彼此之间的友谊和感情。特别是在"三月三"等民族节日中，竹竿舞更是成为壮族青年男女表达爱意、寻找伴侣的重要途径。通过跳竹竿舞，他们不仅可以展示自己的舞蹈才华，还可以吸引异性的注意，进而建立深厚的感情基础。

2. 娱乐功能的发挥

竹竿舞作为一种富有节奏感和韵律感的舞蹈艺术，其表演过程充满了欢乐和趣味。在竹竿的开合之间，舞者们需要灵活地跳跃、转身，展现出优美的身姿和敏捷的动作。这种表演形式不仅让观众赏心悦目，也让舞者们在舞蹈中找到了乐趣和放松。因此，竹竿舞在壮族人民的生活中扮演着重要的娱乐角色，为他们的日常生活增添了无限色彩。

（二）族群认同与文化传承

竹竿舞作为壮族传统体育文化的代表之一，对于增强族群认同和促进文化传承具有重要意义。在竹竿舞的表演和传承过程中，壮族人民不仅加深了对本民族文化的认识和了解，还增强了对自己族群的归属感和自豪感。

1. 族群认同的强化

竹竿舞作为壮族人民共同的文化遗产，其表演形式和内涵都深深打上了壮族的烙印。通过跳竹竿舞，壮族人民能够感受到自己族群的独特魅力和文化底蕴，从而增强对族群的认同感和归属感。这种认同感不仅有助于维护壮族的团结和稳定，还有助于促进壮族文化的传承和发展。

2. 文化传承的载体

竹竿舞作为一种活态的文化传承方式，其表演和传承过程本身就是对壮族文化的传承和弘扬。在竹竿舞的表演中，壮族人民不仅传承了舞蹈的技巧和动作，还传承其中蕴含的文化内涵和价值观念。这些内涵和价值观念通过竹竿舞的表演得以生动展现和广泛传播，为壮族文化的传承和发展提供了有力的支撑。

四、竹竿舞的现代转型与创新

竹竿舞不仅承载着深厚的历史文化底蕴，更在不断地探索与现代社会的融合之路，展现出其独特的现代转型与创新活力。

（一）与现代音乐舞蹈的融合

随着时代的发展，音乐与舞蹈作为文化的重要表现形式，也在不断地融合与创新。竹竿舞，这一传统体育项目，在保持其独特韵味的基础上，积极吸收现代音乐舞蹈元素，实现了传统与现代的完美融合。

1. 音乐元素的创新

传统的竹竿舞伴奏多以民族乐器为主，如芦笙、铜鼓等，这些乐器赋予了竹竿舞浓郁的民族风情。然而，在现代转型过程中，竹竿舞开始尝试与现代音乐相结合，如融入流行音乐、电子音乐等元素，使舞蹈节奏更加明快、动感，更加符合现代人的审美需求。这种创新不仅丰富了竹竿舞的表现形式，也拓宽了其受众群体，吸引了更多年轻人的关注与参与。

2. 舞蹈动作的革新

在保持竹竿舞基本动作框架的基础上，现代舞者对其进行了大胆的革新与创造。他们借鉴了现代舞蹈的编排技巧与表现手法，将竹竿舞的动作设计得更加流畅、多元，同时融入了一些高难度的技巧动作，如跳跃、旋转、翻滚等，使竹竿舞的表演更加精彩纷呈，更具观赏性。

3. 舞台效果的提升

现代科技手段的应用也为竹竿舞的舞台效果带来了质的飞跃。通过灯光、音响、投影等现代舞台技术的运用，竹竿舞的表演场景更加丰富多彩，视觉效果更加震撼人心。这种舞台效果的提升不仅增强了观众的沉浸感与参与感，也提升了竹竿舞的艺术价值与文化内涵。

（二）旅游表演与文化传播

随着旅游业的蓬勃发展，竹竿舞作为广西壮族地区的特色文化旅游资源，逐渐成为吸引游客的重要亮点。通过旅游表演的形式，竹竿舞不仅展示了其独特的艺术魅力，还促进了文化的交流与传播。

1. 旅游表演的市场化运作

为了更好地适应旅游市场的需求，竹竿舞的表演逐渐走向了市场化运作的道路。各地政府与企业合作，共同打造一批具有地方特色的竹竿舞旅游表演项目。这些项目不仅注重表演内容的创新与编排，还注重舞台设计与观众互动等环节，力求为游客提供一场视听盛宴。同时，通过市场化运作，竹竿舞的表演团队也获得了更多的经济收益与发展空间。

2. 文化传播的桥梁作用

竹竿舞作为广西壮族文化的代表之一，在旅游表演中发挥着重要的文化传播作用。通过表演，游客可以直观地感受到壮族人民的热情好客与勤劳智慧，了解壮族文化的独特魅力与深厚底蕴。这种跨文化的交流与传播不仅增进了不同民族之间的了解与友谊，也促进了文化的多样性与繁荣。

3. 文化自信的展现

在全球化背景下，文化自信成为一个国家与民族发展的重要支撑。竹竿舞作为广西壮族文化的瑰宝，在旅游表演中展现了壮族人民的文化自信与自豪感。通过表演，壮族人民向世界展示了自己独特的文化魅力与创造力，增强了民族凝聚力与向心力。

（三）教育与健康促进的新角色

随着人们对健康生活的追求与对传统文化的重视，竹竿舞逐渐在教育与健康促进领域发挥着新的作用。它不仅是一种体育锻炼方式，还是一种文化传承与教育手段。

1. 体育锻炼的新选择

竹竿舞作为一种全身性的运动方式，具有锻炼身体、增强体质的功效。在现代社会中，随着生活节奏的加快与工作压力的增大，人们越来越注重身体健康与体育锻炼。竹竿舞以其独特的魅力与健身效果吸引了众多人的关注与参与。通过跳竹竿舞，人们可以锻炼身体的协调性、灵活性与耐性，从而提高身体素质与健康水平。

2. 文化传承与教育手段

竹竿舞作为广西壮族文化的代表之一，在文化传承与教育领域也发挥着重要作用。在学校教育中，竹竿舞被纳入体育课程与课外活动之中，成为一种重要的文化传承与教育手段。通过学习竹竿舞，学生们可以了解壮族文化的历史渊源与独特魅力，增强对传统文化的认同感与归属感。同时，竹竿舞的学习过程也是对学生们身体素质与团队协作能力的锻炼与提升。

第四章 广西壮族传统体育开展的现状

广西壮族传统体育是伴随着壮族民众生产与生活实践而发展起来的一种民族体育文化形态。壮族传统体育与壮族的岁时节日、价值观念、心态感情等联系在一起。2014年1月13日，壮族"三月三"经广西壮族自治区人民政府批准成为广西的法定假日（自治区内全体公民放假2天），该节庆的实施让民族文化再次深入到群众心中，各地掀起民族传统体育推广与传承的热潮，开展丰富多彩的民族民俗体育活动。运用文献收集和调研采集等方式梳理广西壮族传统体育现状、面临的挑战，找准育人机制、教育转化发展的堵点和短板。

第一节 广西壮族传统体育现状调查

壮族是古代百越族的一支，是我国人口最多的少数民族，壮族传统体育丰富，民族文化内容多彩。壮族传统体育是壮族人民在农耕劳动和生活实践中去粗取精积累起来的，不仅具有鲜明的壮族民族特点，还具有一定的健身性、娱乐性，为提高壮族人民的健康水平，增进壮族与各族人民之间的友好交往和传承壮族传统文化起着积极作用。据资料记载，广西壮族的传统体育项目有134项，它们表现出壮族人民的勤劳智慧，表达和寄托了人民对美好生活的向往，壮族优良的道德文化得以表现和传承。从竞技能力表现载体的角度看，壮族传统体育分为技艺类、竞速类、角力类、决胜类等。竞技能力是在壮族传统活动中表现出的竞技、娱乐心理，一种以竞赛能力、技巧和技能为一体的娱乐活动。

表4-1　代表性较强的广西壮族传统体育现状

序号	类型	项目
1	技艺类	壮拳、壮族狮舞、板凳舞龙、芭蕉舞龙、打磨秋、跳竹竿、秋千、打扁担、蚂拐舞、蚂拐捉害虫
2	竞速类	壮族板鞋、赛龙舟、高脚马竞速
3	角力类	壮族拔河
4	决胜类	壮族抢花炮、打陀螺、抛绣球、踢毽子、射弩

第二节　广西学校开展壮族传统体育现状调查

　　民族传统体育集健身性、竞技性、娱乐性、民族性于一体，有着丰富的文化内涵，彰显了中华民族的民族心理、伦理道德、价值观念，作为中国传统文化的组成部分，展现出中华民族的精神气质与哲学思想。民族传统体育在学校开展，不仅让学生学习传统文化，还潜移默化的让学生触及与感知文化的内涵，影响价值观及道德观，提高自身的综合素养。作者调研了广西部分高校、高中、初中、小学等学校，他们都把壮族传统体育融入本校的体育教学，形成别具一格的校园文化特色。柳州铁道职业技术学院从2015年起已成功举办过九届"民族传统体育运动会"，学生作为直接参与的个体，通过亲临其境的观察和体验，不断加强对民族文化的认知，这赋予了民族传统体育在最好时代的价值内涵，激发在校大学生对它的传承兴趣和热情。广西电力职业技术学院开展龙狮等项目教学，建设有广西龙狮文化研究基地，壮族狮舞在该基地形成固态保护的场域。广西中医学校通过田阳壮族狮舞传承人李永茂师傅进校园，在教学和社团中开展壮族狮舞（图4-1）。柳州市柳邕高级中学开展舞龙、壮狮、壮鼓、壮拳等体育课程，学生依据自己的兴趣进行选课，开展了一系列极具特色的民族体育课程（图4-2）。南宁市沛鸿民族中学把壮族传统体育作为该校的校本课程，壮族传统体育在该校蓬勃发展（图4-3）。柳州市阳和工业新区古亭山小学把壮族壮拳作为该校的大课间活动，丰富校园文化（图4-4）。

图 4-1 田阳壮族狮舞传承人李永茂师傅在广西中医学校传承壮族狮舞

图 4-2 柳州市柳邕高级中学开展壮族狮舞活动

图 4-3 南宁市沛鸿民族中学开展竹竿舞活动

图4-4　柳州市阳和工业新区古亭山小学开展壮族壮拳活动

表4-2　调研学校开展传统体育项目情况

序号	学校	开展壮族传统体育项目
1	柳州铁道职业技术学院	舞龙、舞狮、抛绣球、板鞋竞速
2	广西电力职业技术学院	抛绣球、板鞋竞速、舞龙、舞狮
3	广西中医学校	舞狮、抛绣球、板鞋竞速
4	南宁市沛鸿民族中学	壮拳、抛绣球、板鞋竞速、拉鼓、竹竿舞
5	柳州市柳邕高级中学	舞狮
6	柳州市阳和工业新区古亭山小学	壮拳

第五章　广西壮族传统体育的育人价值挖掘与教育转化实践

广西壮族传统体育在教育转化中展现了独特的育人价值，有效的实践研究不仅能够挖掘这些体育项目在教育中的潜力，还能探索如何将传统文化与现代教育相结合。通过对三人板鞋竞速、壮族狮舞、壮族壮拳、壮族抛绣球和竹竿舞的深入分析，本章旨在揭示每个项目的育人价值，并探讨其在教育转化中的实际应用。

第一节　三人板鞋竞速的育人价值挖掘与教育转化

一、三人板鞋竞速的育人价值挖掘

三人板鞋竞速在广西壮族传统体育项目中十分重要，既承载着丰富的历史文化内涵，又蕴含着深厚的育人价值。通过这一项目的参与，青少年能够在团队协作、身体协调性与平衡感、竞技精神与抗压能力等多个方面得到全面地培养与提升。以下将详细探讨三人板鞋竞速的育人价值。

（一）培养团队协作能力

1. 默契配合的重要性

三人板鞋竞速要求三名队员必须紧密配合，步调一致，才能顺利完成比赛。这种高度的默契配合不仅体现在日常的训练中，更在比赛的关键时刻发挥着至关重要的作用。在准备阶段，队员们需要共同商讨策略、分配任务，确保每个人都能发挥自己的优势；在比赛过程中，则需要通过不断地沟通与调整，保持步伐的协调与一致。这种默契配合的过程，正是团队协作能力培养的生动体现。

2. 集体荣誉感的激发

三人板鞋竞速是一项集体项目，队员们的表现直接关系到整个团队的荣誉。因此，在参与比赛的过程中，队员们会自然而然地产生强烈的集体荣誉感。他们会为了团队的胜利而全力以赴，相互鼓励，相互支持。这种集体荣誉感的激发，不仅有助于增强队员们的归属感和凝聚力，还能够促进他们之间的友谊与信任，为未来的团队合作奠定坚实的基础。

3. 沟通与协调能力的提升

在三人板鞋竞速中，沟通与协调能力是团队协作的关键。队员们需要时刻关注彼此的状态和节奏，及时进行沟通与调整。这种沟通与协调的过程，不仅能够帮助队员们更好地适应比赛节奏，还能够提升他们的沟通和协调能力。在未来的学习和工作中，这些能力将成为他们宝贵的财富。

（二）提升身体协调性与平衡感

1. 身体协调性的锻炼

三人板鞋竞速要求队员们必须保持高度的身体协调性。在比赛中，队员们需要共同控制一副板鞋，完成起跑、加速、转弯、冲刺等一系列动作。这些动作都需要队员们具备良好的身体协调性才能顺利完成。通过长期的训练和实践，队员们的身体协调性将得到显著地提升。

2. 平衡感的增强

在三人板鞋竞速中，平衡感是保持步伐一致和稳定的关键。由于三名队员共同控制一副板鞋，任何一名队员的失衡都可能导致整个团队的失败。因此，队员们需要时刻保持警惕，不断调整自己的姿势和重心，以保持平衡。这种对平衡感的追求和锻炼，将有助于队员们在日常生活中更好地应对各种挑战和变化。

3. 身体素质的全面提升

除了身体协调性和平衡感之外，三人板鞋竞速还能够全面提升队员们的身体素质。在比赛中，队员们需要不断奔跑、跳跃、转身等，这些动作都需要消耗大量的体力和耐力。通过长期的训练和实践，队员们的身体素质将得到全面地提升，包括力量、速度、耐力等多个方面。

（三）增强竞技精神的塑造与抗压能力

1. 竞技精神的塑造

三人板鞋竞速作为一项竞技体育项目，自然蕴含着丰富的竞技精神。在比赛中，队员们需要全力以赴、勇于拼搏、永不言败。这种竞技精神的塑造将有助于他们在未来的学习和工作中保持积极向上的态度和高昂的斗志。同时，通过参与比赛和观看比赛，队员们还能够感受到竞技体育的魅力和激情，进一步激发他们对体育运动的热爱和追求。

2. 抗压能力的增强

在三人板鞋竞速中，队员们面临着来自对手、观众以及自身等多个方面的压力。在比赛中，他们需要时刻保持冷静、沉着应对各种突发情况。这种抗压能力的锻炼将有助于他们在未来的学习和工作中更好地应对各种挑战和困难。同时，通过参与比赛和接受失败的洗礼，队员们还能够学会如何调整自己的心态和情绪，保持积极向上的心态面对生活中的各种挑战。

3. 自信心与自尊心的培养

在三人板鞋竞速中取得好成绩或战胜对手时，队员们会感受到成功的喜悦和自豪感的提升，这种成功体验将有助于培养他们的自信心和自尊心。同时，在比赛过程中不断挑战自我、超越自我的过程也将进一步激发他们的潜能和动力。在未来的学习和工作中，这种自信心和自尊心的培养将成为他们不断前进的动力源泉。

二、三人板鞋竞速的教育转化实践

（一）三人板鞋竞速教学

三人板鞋竞速作为一种集体性强、互动性高的传统体育项目，既能锻炼团队协作能力，又能提升身体素质。三人板鞋竞速教育转化实践的有效开展，可以从以下几个方面着手。

1. 设计科学的教学计划

（1）基础培训。制订系统化的三人板鞋竞速教学计划，包括基础知识、技术动作和比赛规则等。课程应包括以下内容。

1）基础知识。介绍三人板鞋竞速的起源、发展及其文化背景，让学生对这一项目有基本了解。

2）技术动作。讲解并示范三人板鞋的基本技术动作，包括起步、转弯、加速和刹车等，确保学生能够掌握正确的技巧。

3）比赛规则。详细讲解竞速比赛的规则和注意事项，帮助学生了解竞赛的基本要求和安全规范。

（2）分级教学。根据学生的不同水平，设计分级教学内容。初级阶段注重基础技能的掌握和团队合作的训练；中级阶段增加技术难度和比赛模拟；高级阶段则进行综合训练，重点提高实战能力和比赛策略。通过逐步提升教学难度，确保每位学生都能够在自己的水平上取得有效的训练和进步。

2. 融入多样化的教学活动

（1）实践训练。组织多样化的实践训练活动，例如：

1）技术训练。定期进行技术专项训练，强化学生的基本动作和技巧。

2）团队合作练习。通过模拟竞速练习，提高团队成员之间的配合默契和协调能力。

3）实战演练。安排模拟比赛，锻炼学生的比赛策略和应变能力。

（2）趣味活动。通过趣味性的活动激发学生的兴趣，例如：

1）团队挑战赛。组织班级或学校内部的板鞋竞速挑战赛，增加活动的趣味性和竞争性。

2）亲子互动。举办亲子板鞋竞速活动，让学生与家长一起参与，增强家庭互动和运动乐趣。

3）节日赛事。在传统节日或学校庆典中举办特别的板鞋竞速比赛，营造浓厚的节日氛围。

3. 利用现代科技提升教学效果

（1）数据分析。利用现代科技手段，如视频录制和数据分析等，对学生的训练进行科学分析。通过录制训练和比赛过程的视频，教师可以对学生的动作进行详细分析，并提供针对性的改进建议。同时，可以使用数据分析工具记录学生的竞速成绩和进步情况，帮助制订个性化的训练计划。

（2）虚拟训练。利用虚拟现实（VR）技术进行板鞋竞速的模拟训练。通过VR模拟环境，学生可以在虚拟空间中进行竞速练习，体验比赛的真实感。虚拟训练还可以用于分析不同场景下的竞速策略，帮助学生更好地适应实际比赛环境。

（二）校园文化活动的开展

1. 校园体育节与运动会

将三人板鞋竞速纳入校园体育节或运动会的比赛项目之一，通过组织全校范围内的比赛活动，吸引更多学生参与其中。这不仅可以为学生提供展示自我、挑战自我的平台，还可以增进学生之间的友谊和竞争意识，营造积极向上的校园文化氛围。

2. 社团组织与兴趣小组

成立三人板鞋竞速社团或兴趣小组，为学生提供更多接触和学习三人板鞋竞速的机会。社团或小组可以定期组织训练、交流和比赛活动，帮助学生深入了解三人板鞋竞速的文化内涵和技术特点，培养他们的兴趣与爱好。同时，社团或小组还可以邀请专业教练或优秀运动员进行指导与交流，提升学生的专业技能和竞技水平。

3. 民族文化节与展览

结合广西壮族地区的民族文化特色，举办民族文化节或展览活动。在活动中设置三人板鞋竞速的展示与体验区域，通过实物展示、现场表演、互动体验等方式，向师生和社会公众介绍三人板鞋竞速的历史渊源、文化内涵和育人价值。这不仅可以增强师生对民族传统体育文化的认识与了解，还可以促进民族传统体育文化的传承与发展。

（三）成效评估与反馈调整

1. 成效评估指标体系构建

为了全面、客观地评估三人板鞋竞速教育转化的成效，需要构建一套科学合理的评估指标体系。该指标体系应涵盖学生团队协作能力、身体协调性与平衡感、竞技精神与抗压能力等多个方面的评价指标。同时，还应注重评价指标的可操作性和可量化性，以便进行量化分析和比较。

2. 数据收集与分析

通过问卷调查、观察记录、测试测量等多种方式收集相关数据，对三人板鞋竞速教育转化的成效进行评估。在数据收集过程中，应注重数据的真实性和可靠性。在数据分析过程中，应运用统计学方法和数据分析工具对数据进行深入挖掘和分析，找出存在的问题和不足。

3. 反馈调整与持续改进

根据评估结果和反馈意见，对三人板鞋竞速教育转化的实践方案进行及时的调整和优化。针对存在的问题和不足，制订相应的改进措施和计划；针对优秀的经验和做法，进行总结和推广。同时，还应建立长效的反馈调整机制，定期对教育转化实践进行回顾与反思，确保教育转化工作的持续改进和不断提升。

第二节 壮族狮舞的育人价值挖掘与教育转化

一、壮族狮舞的育人价值挖掘

（一）培养民族文化的传承与认同感

1. 文化基因的代际传递

在广西壮族狮舞中，每一个动作、每一个节奏都蕴含着深厚的民族文化基因。这些基因不仅是对过去历史的记忆，更是未来文化传承的基石。通过狮舞的学习与表演，年轻一代能够直观地感受到壮族文化的独特魅力，理解并继承其中蕴含的道德观念、价值取向和审美追求。这种代际间的文化传递，不仅确保了民族文化的连续性和稳定性，也增强了年轻一代对民族文化的认同感和归属感。

2. 集体记忆的强化与民族认同的构建

狮舞作为壮族社区的重要文化活动，往往与特定的节日、庆典或仪式紧密相连。这些活动通过重复性的表演和庆祝，不断强化着壮族人民的集体记忆，使他们能够在共同的历史和文化背景下形成强烈的民族认同感。对于青少年而言，参与狮舞活动不仅是学习一种艺术形式，更是融入集体、认同民族身份的过程。在这个过程中，他们通过亲身体验和感受，逐渐构建起对民族文化的认同感和自豪感。

3. 文化自信的培养与民族精神的弘扬

文化自信是一个民族对自身文化价值的充分肯定和积极践行。在全球化背景下，文化自信对于维护民族独立、促进文化繁荣具有重要意义。广西壮族狮舞的传承与发展不仅是对传统文化的尊重和继承，更是对民族文化自信的彰显和弘扬。通过狮舞的学习与表演，青少年能够深刻认识到自己民族文化的独特魅力和价值所在，从而树立起坚定的文化自信。这种文化自信将激励他们在未来的学习和生活中积极传播和弘扬民族文化，为民族的繁荣和发展贡献自己的力量。

（二）提升艺术审美能力

1. 视觉艺术与听觉艺术的双重熏陶

广西壮族狮舞集舞蹈、音乐、服饰等多种艺术形式于一体，为观众提供了丰富的视觉和听觉享受。在表演过程中，舞者通过精湛的技艺和生动的表演展现出狮子的威猛与灵动。同时，伴奏音乐以其独特的旋律和节奏为整个表演增添了浓厚的艺术氛围。这种视觉与听觉的双重熏陶，不仅提升了观众的艺术感知能力，也激发了他们对艺术美的追求和向往。对于青少年而言，这种熏陶更是他们艺术审美能力提升的重要途径之一。

2. 艺术鉴赏力的培养与审美标准的形成

在欣赏广西壮族狮舞的过程中，青少年需要学会从艺术的角度去审视和评价表演。他们需要关注舞者的动作是否规范、表情是否生动、音乐与舞蹈是否协调等方面的问题，并逐渐形成自己的审美标准和鉴赏能力。这种能力的培养不仅有助于青少年更好地欣赏和理解艺术作品，也为他们未来的艺术创作提供了有力的支持。通过不断的艺术鉴赏实践，青少年可以逐渐构建起自己的审美体系，形成独特的审美风格和品位。

3. 创新思维与创造力的激发

广西壮族狮舞在传承过程中不断融入新的艺术元素和创新表现手法，展现出强大的生命力和创造力，这种创新精神对于青少年的艺术学习和创作具有重要的启示意义。在学习狮舞的过程中，青少年可以接触到不同的艺术风格和表现手法，从而拓宽自己的艺术视野和思路。同时，他们也可以尝试将自己的创意和想象融入狮舞表演中，创造出具有个人特色的艺术作品。这种创新实践不仅有助于提升青少年的艺术创造力，也为他们未来的学习和生活提供了宝贵的经验。

（三）表演能力与自信心的锻炼

1. 基本功的扎实训练与表演技巧的掌握

广西壮族狮舞的表演需要舞者具备扎实的舞蹈基本功和表演技巧。在学习过程中，青少年需要通过反复练习来掌握各种基本动作和技巧，如步伐的转换、身体的控制、表情的传达等。这些基本功的训练不仅有助于提升他们的身体素质和协调能力，也为他们未来的表演生涯奠定了坚实的基础。同时，通过不断地表演实践，青少年可以逐渐掌握表演技巧和方法，提高自己的表演水平和艺术表现力。

2. 心理素质的磨砺与自信心的建立

狮舞表演往往需要在公众场合进行展示，这对青少年的心理素质提出了很高的要求。在舞台上表演时，他们需要克服紧张情绪，保持镇定自若，并用自己的表演感染观众。这种心理素质的磨砺不仅有助于提升他们的自我控制能力和适应能力，也为他们未来的学习和生活提供了重要的帮助。同时，通过不断地表演实践和成功体验的积累，青少年可以逐渐建立起自信心和勇气，敢于面对挑战和困难并努力克服它们。

3. 团队协作能力的增强与领导力的培养

广西壮族狮舞的表演通常需要多人合作完成，这要求舞者之间具备良好的团队协作能力和默契配合。在学习过程中，青少年需要学会与他人沟通交流、相互协作并共同完成任务。这种团队协作的经验不仅有助于提升他们的团队意识和合作精神，对他们未来的学习和工作也大有裨益。同时，在团队中担任重要角色或领舞等任务时，青少年还可以锻炼自己的领导力和组织协调能力，进一步提高了自己的综合素质。

二、壮族狮舞的教育转化实践

（一）艺术课程与体育课程的融合

1. 课程设置与教学内容

在艺术课程与体育课程融合的过程中，可以将壮族狮舞作为特色教学内容引入课堂。通过制订科学合理的教学计划，将狮舞的基本动作、表演技巧、音乐节奏等内容融入体育课程和艺术课程中。同时，结合学生的年龄特点和兴趣爱好，设计多样化的教学活动，如分组练习、角色扮演、比赛展示等，激发学生的学习兴趣和参与度。

2. 教学方法与手段

在教学过程中，可以采用多种教学方法和手段来提高教学效果。例如，利用多媒体教学设备展示狮舞表演视频和图片资料，让学生直观感受狮舞的魅力。通过示范讲解和个别指导相结合的方式，帮助学生掌握狮舞的基本动作和技巧。组织学生进行小组合作学习和交流讨论，培养其团队协作精神和沟通能力。学校还可以邀请专业狮舞团队进校表演和教学指导，为学生提供更专业的学习机会和平台。

3. 评价体系与激励机制

为了全面评估学生的学习成效并激励其积极参与学习，可以建立科学合理的评价体系和激励机制。评价体系应包括学生自评、互评和教师评价等多个方面，注重过程性评价和结果性评价相结合。同时，设立奖励制度和荣誉证书等激励机制，对表现优秀的学生给予表彰和奖励，提高其学习积极性和自信心。

（二）组织狮舞各项活动

1. 舞狮文艺会演与比赛

学校可以定期举办舞狮文艺会演和比赛活动，为学生提供展示壮族狮舞才艺的平台。通过组织校内选拔赛、校际交流赛等形式多样的比赛活动，让学生在比赛中锻炼自己、提升自己，并增强集体荣誉感和竞争意识。同时，邀请家长和社会各界人士观看比赛和表演活动，扩大壮族狮舞的社会影响力和知名度。

2. 舞狮社团组织与活动

学校可以成立壮族狮舞社团或兴趣小组等学生组织，为学生提供更加灵活多样的学习方式和交流平台。社团可以组织定期的训练和排练活动，邀请专业教师进行指导和培训。同时开展丰富多彩的社团活动和社会实践活动，如参加社区文化演出、慰问敬老院等公益活动，让学生在实践中锻炼自己、服务社会。

第三节　壮族壮拳的育人价值挖掘与教育转化

一、壮族壮拳的育人价值挖掘

（一）传承武术精神，锻炼意志品质

1. 武术精神的内涵与价值

壮族壮拳是壮族传统文化的重要组成部分，蕴含着深厚的武术精神。这种精神不仅体现在拳术的刚猛有力、招式精妙上，更蕴含在习武者的内心世界与行为准则中。它强调"以武止戈""内外兼修"，倡导通过武术修炼来培养人的坚韧不拔、自强不息的意志品质，以及尊师重道、谦恭有礼的道德风范。这种武术精神对于现代青少年的成长具有重要意义，能够引导他们树立正确的价值观和人生观，培养其坚韧不拔、勇于挑战的精神风貌。

2. 意志品质的锤炼与提升

学习壮族壮拳的过程，实际上是一个对意志品质进行锤炼和提升的过程。壮拳的练习往往伴随着高强度的体能训练和复杂的技巧掌握,要求学生具备极高的耐心、毅力和自律性。在日复一日的反复训练中,学生能够逐渐克服身体和心理上的种种困难,培养出坚持不懈、勇于面对挑战的精神品质。这种品质不仅对于武术学习本身至关重要,更能够迁移到其他领域的学习和生活中,成为学生终身受益的宝贵财富。

3. 对传统文化价值的认知与认同

壮族壮拳作为民族传统文化的瑰宝,承载着丰富的历史记忆和文化内涵。通过学习壮拳,学生可以深入了解壮族文化的独特魅力和深厚底蕴,增强对民族文化的认同感和自豪感。同时,壮拳中所蕴含的武术精神也与中华民族的传统美德紧密相连,如尊老爱幼、诚实守信、团结协作等。受这些传统美德的熏陶和感染,将有助于学生在潜移默化中树立正确的道德观念和行为准则,促进其全面发展。

4. 身心健康的促进与维护

壮族壮拳不仅是一种武术技艺的展示,更是一种身心健康的锻炼方式。通过练习壮拳,学生可以有效地增强身体素质,提高身体的协调性、灵活性和耐力水平。同时,壮拳的练习还注重呼吸调节和心态平和,有助于缓解学生的学习压力和情绪焦虑,促进其心理健康发展。另外,壮拳中的对练和实战模拟等环节,还能够培养学生的应急反应能力和自我保护能力,为其应对突发事件提供有力支持。

5. 社会适应能力的培养与提升

在当今社会快速发展的背景下,青少年面临着越来越多的挑战和机遇。学习壮族壮拳不仅能够提升学生的身体素质和意志品质,还能够培养其社会适应能力。在壮拳的团体训练和比赛中,学生需要学会与他人合作、沟通和竞争,这有助于其建立良好的人际关系和团队协作精神。同时,壮拳所倡导的尊师重道、谦恭有礼等道德风范,也能够引导学生在社会交往中保持谦逊有礼、尊重他人的态度,提升其社会交往能力和综合素养。

(二)学习自卫防身技能

1. 现代社会背景下的安全需求

在当今复杂多变的社会环境中,青少年面临的安全风险日益增多。无论是校园欺凌、街头暴力,还是突发事件中的自我保护,都对学生的安全意识和自卫能力提出了更高要求。壮族壮拳作为一种实战性较强的武术流派,其独特的拳理、技法及训练体系,为学生提供了有效的自卫防身技能的学习途径,对于提升学生的安全意识和自我保护能力具有重要意义。

2. 基本格斗技能的教学与掌握

壮族壮拳注重实战应用，其教学内容涵盖了拳法、腿法、身法、步法等基本格斗技能。通过系统地学习和训练，学生可以掌握这些技能，并在实践中灵活运用。例如，拳法中的直拳、勾拳、摆拳等，不仅力量大、速度快，而且易于掌握；腿法则以其远距离攻击的优势，成为自卫防身的重要手段。壮拳还强调身法和步法的灵活多变，使学生能够在复杂多变的环境中迅速调整姿势，保持平衡，有效应对各种攻击。

3. 实战模拟与应急反应训练

自卫防身技能的学习不能仅停留在理论层面，更需要通过实战模拟和应急反应训练来检验和巩固。在壮族壮拳的教学中，教师可以设计各种模拟场景，如遭遇袭击、抢夺财物等，让学生在模拟环境中进行实战演练。通过反复练习和总结经验，学生可以逐渐提高自己的应急反应能力和实战技能水平。同时，这种训练方式还能够帮助学生建立正确的安全观念，学会在危急时刻保持冷静，果断应对。

4. 心理素质的培养与提升

自卫防身技能的学习不仅是对身体素质的锻炼，更是对心理素质的考验和提升。在壮拳的训练过程中，学生会面临各种挑战和困难，如体力透支、技术瓶颈、心理压力等。这些挑战要求学生具备坚定的信念、顽强的毅力和良好的心理素质。通过不断地训练和磨炼，学生可以逐渐克服这些困难，提高自己的心理承受能力和抗压能力。同时，壮拳所倡导的勇敢无畏、坚韧不拔的精神品质也能够激励学生积极面对生活中的各种挑战和困难。

5. 法律意识与道德规范的引导

自卫防身技能的学习并非鼓励学生使用暴力解决问题，而是要在合法合规的前提下保护自身安全。因此，在壮族壮拳的教学过程中，教师应加强对学生法律意识和道德规范的引导和教育。通过讲解相关法律法规和道德规范，使学生明确在什么情况下可以使用自卫防身技能、如何使用以及使用后的法律后果等。同时，教师还应引导学生树立正确的价值观和行为准则，避免将自卫防身技能用于不正当目的或违法犯罪行为。

6. 终身受益的自卫防身能力

自卫防身技能是一项终身受益的能力。无论是在校园生活中还是在未来的工作和生活中，学生都有可能面临各种安全威胁和挑战。通过学习壮族壮拳等自卫防身技能，学生可以掌握一套有效的自我保护方法，增强自己的安全防范意识和能力。这种能力不仅有助于保障学生的个人安全，还能够增强其自信心和独立性，为其未来的成长和发展奠定坚实基础。

（三）身体素质与心理健康的双重提升

1. 身体素质的全面增强

壮族壮拳作为一种高强度的身体活动，其练习过程对提升青少年的身体素质具有显著效果。首先，壮拳训练强调力量、速度、耐力、柔韧性和灵敏性的全面发展，通过重复性的拳法、腿法练习，能够有效增强肌肉力量，提高爆发力。其次，壮拳的套路练习和实战模拟需要学生在不同的体位和姿态下进行快速转换，这不仅促进了关节的灵活性和稳定性，还提升了身体的协调性和平衡能力。最后，持续的训练还能够改善心肺功能，提高耐力水平，使学生拥有更加健康、强壮的体魄。

2. 心理健康的积极影响

壮族壮拳在提升身体素质的同时，也对青少年的心理健康产生了积极影响。一方面，壮拳练习要求学生集中注意力，保持高度的专注力，这有助于培养学生的自控能力和心理稳定性。在日复一日的训练中，学生逐渐学会了如何管理情绪、调整心态，从而在面对压力和挑战时能够保持冷静和理智。另一方面，壮拳所蕴含的武术精神，如坚韧不拔、自强不息等，能够激励学生勇于面对困难、挑战自我，培养积极向上的心态和自信心。在团队合作和比赛中，学生还能够学会尊重他人、理解他人，建立良好的人际关系，增强社会适应能力。

3. 身心和谐统一的追求

壮族壮拳的练习强调身心合一，追求身心和谐统一的境界。在壮拳的训练过程中，学生不仅需要运用身体的力量和技巧进行攻防转换，还需要配合呼吸的调节和心态的平和。通过练习壮拳，学生可以逐渐掌握如何通过调节呼吸来稳定情绪、缓解压力，从而达到身心和谐的状态。这种身心和谐的状态不仅有助于提升学生的身体素质和心理健康水平，还能够培养其内在的气质和修养，使其在外在表现上更加从容、自信。

4. 传统文化的浸润与熏陶

壮族壮拳作为民族传统文化的重要组成部分，其练习过程也是对传统文化的一种浸润和熏陶。通过学习和传承壮拳，学生可以深入了解壮族文化的历史渊源、民俗风情和精神内涵，从而增强对民族文化的认同感和自豪感。同时，壮拳所蕴含的武术精神和道德准则也能够对学生的思想品德和行为习惯产生积极影响。例如，壮拳强调尊师重道、诚实守信等道德规范，这些规范在学生的日常生活中得到践行和传承，有助于培养其良好的道德品质和社会责任感。

二、壮族壮拳的教育转化实践

（一）开设壮拳课程

1. 构建系统化的壮拳课程体系

在壮拳教育的实践中，构建一个系统化的课程体系是关键。这包括从基础动作到高级技巧的系统教学。可以先从初级课程入手，教授基础的拳法和步法，让学生对壮拳有一个初步的了解。随着学习的深入，可以逐渐引入复杂的动作和技法，包括套路和对练等。课程应当包括理论知识和实践训练，理论部分可以介绍壮拳的历史背景、文化意义和基本原理，实践部分则侧重于动作的练习和技能的提高。

2. 开展丰富的教学活动

丰富的教学活动可以提高学生对壮拳的兴趣和参与度。例如，可以定期组织壮拳的展示和比赛活动，让学生有机会展示自己的学习成果，并与其他学习者进行切磋。通过这些活动，不仅能够提高学生的实战能力，还能增强他们的自信心和团队合作精神。此外，举办壮拳的文化讲座和交流会，让学生了解壮拳的历史和文化背景，增加他们对传统武术的认同感和兴趣。

3. 引入现代科技，优化教学体验

现代科技的应用可以极大地优化壮拳的教学体验。例如，利用视频录制和分析技术，可以帮助学生更好地理解和改进自己的动作。教师可以录制教学视频和学生的练习视频，通过慢动作回放和动作分析，帮助学生发现和纠正动作中的错误。同时，开发壮拳的教学小程序，提供在线教学和练习指导，学生可以随时随地进行学习和练习，形成线上与线下相结合的学习模式。

（二）组建壮拳社团与兴趣小组

组建壮族壮拳社团与兴趣小组是推广壮拳教育、提升学员技能的重要举措。这不仅能为爱好者提供交流和实践的机会，还能促进壮拳文化的传承与发展。

1. 设立壮拳社团的组织结构和职能

（1）组织结构。建立壮拳社团时，需要明确组织结构和职能分配。社团应设立

核心团队，包括社团负责人、教练团队、活动策划人员和行政管理人员。负责人负责整体规划和决策，教练团队负责技术指导和训练计划，活动策划人员负责组织各种社团活动，行政管理人员则负责日常运营和会员管理。

（2）职能设置。社团的主要职能包括组织培训课程、开展技术交流、策划文化活动、管理社团日常事务等。具体职能可以分为以下几个方面。

1）培训与指导。定期举办壮拳培训课程和技巧讲座，为会员提供系统的学习机会。

2）技术交流。组织技艺交流活动和擂台切磋，促进会员间的学习和提高。

3）文化活动。策划壮拳的表演、展示和文化节庆活动，提高社团的影响力。

4）会员管理。负责社团会员的招募、注册、考核和服务，保持社团的活力和稳定性。

2. 吸引与招募成员

（1）宣传与推广。有效的宣传和推广是吸引成员加入的关键。可以利用社交媒体、社区公告栏、学校宣传栏等途径，广泛宣传壮拳社团的活动和特色。通过制作宣传材料，如海报、传单和宣传视频，介绍壮拳的基本知识、社团活动及其价值，吸引更多人关注和参与。

（2）开放体验活动。组织开放体验活动，让潜在成员亲身体验壮拳的魅力和趣味。例如，可以在社区或学校举办免费的入门级壮拳体验课，让人们了解壮拳的基本动作和训练方法。这种体验活动不仅能够吸引新成员，还能提升他们对壮拳的兴趣和参与度。

（3）合作伙伴关系。与学校、社区中心、体育机构等建立合作关系，共同开展壮拳相关活动。这些合作伙伴可以为社团提供活动场地、资源支持和宣传渠道，帮助社团更好地开展工作。同时，合作伙伴的支持也能为社团带来更多潜在的成员和资源。

3. 开展丰富的活动和培训

（1）定期培训课程。设置系统化的壮拳培训课程，按照初级、中级和高级进行分级教学。培训内容应包括基础技法、套路演练、实战技巧等，满足不同水平会员的需求。通过定期的课程安排，确保会员能够逐步提高技艺水平，并保持学习的连续性和系统性。

（2）技术交流与切磋。组织技术交流活动，如技艺展示、擂台切磋等，促进会员之间的相互学习和交流。这些活动不仅能提高会员的实战能力，还能增加他们的自信心和团队合作精神。可以邀请外部的专业教练或资深的壮拳爱好者进行指导和点评，提高活动的专业性和吸引力。

（3）文化推广活动。策划并举办与壮拳相关的文化推广活动，例如壮拳文化节、武术表演、传统节日庆祝等。这些活动可以展示壮拳的独特魅力和文化内涵，同时增加社团的社会影响力。通过媒体宣传和社区参与，吸引更多的人关注和参与壮拳文化。

（三）壮族壮拳的传承

1. 设立壮拳传承中心

（1）中心设立。建立专门的壮拳传承中心，作为壮拳文化教育和推广的核心平台。中心的主要职能包括：

1）培训和指导。提供系统化的壮拳培训课程，培养专业的壮拳教练和传承人。

2）研究和开发。进行壮拳技艺的研究和开发，更新教学方法，推动壮拳的现代化进步。

3）文化推广。组织各种壮拳文化活动，如展览、讲座和表演，提高社会对壮拳的认知和兴趣。

（2）中心活动。中心可以举办定期的壮拳培训班、技术研讨会和文化交流活动。培训班分为不同的级别，从基础入门到高级技巧，确保不同层次的学员都能找到适合自己的课程。技术研讨会则邀请专家和资深传承人分享经验和技术，推动技艺的不断提升。文化交流活动还可以通过邀请其他地区的壮拳爱好者进行交流，扩大壮拳的影响力和网络。

2. 媒体与网络宣传

（1）媒体宣传。利用电视、广播、报纸等传统媒体，广泛宣传壮拳文化。可以制作关于壮拳的专题节目、纪录片和报道，介绍壮拳的历史、技艺和文化背景。此外，积极参与相关的文化展览和博览会，通过媒体宣传扩大壮拳的社会影响力。

（2）网络推广。通过社交媒体、视频网站和自媒体平台，进行壮拳文化的在线推广。创建专门的壮拳文化账号，发布关于壮拳的教学视频、技术文章和活动信息，吸引更多人的关注和参与。利用网络直播平台进行壮拳比赛和演示活动的直播，增加观众的参与感和互动性。

3. 保护与传承

（1）传统技艺保护。对壮拳的传统技艺进行保护和记录，编纂详细的技艺手册和资料，保存珍贵的技术和知识。通过建立数据库和档案馆，系统化地整理壮拳的历史和技艺资料，为未来的研究和教学提供依据。

（2）传承人培养。培养和支持壮拳的传承人，确保传统技艺能够得到有效的传承。通过定期的传承人培训和考核，提升传承人的技艺水平和教学能力。鼓励年轻一代加入壮拳的传承队伍，确保壮拳文化的长久传承和发展。

第四节 壮族抛绣球的育人价值 挖掘与教育转化

一、壮族抛绣球的育人价值挖掘

（一）手眼协调能力的训练

1. 精细动作技能的发展

壮族抛绣球作为一项传统体育项目，其核心在于通过手部的精确控制与眼部的敏锐观察，实现绣球的准确传递与接收。这一过程中，参与者的手眼协调能力得到了显著地锻炼和提升。手眼协调是指手部运动与视觉信息处理之间的紧密配合，是完成精细动作的重要基础。在抛绣球活动中，每一次的抛接都需要运动员准确判断出距离、速度、角度等参数，并迅速作出反应，这过程对于促进神经系统发育、提高手部肌肉群的精细控制能力和视觉追踪能力具有积极作用。

2. 感知觉统合能力的强化

抛绣球不仅锻炼了手眼协调，还促进了感知觉统合能力的发展。感知觉统合是指个体将来自不同感觉通道的信息（如视觉、触觉、前庭觉等）整合起来，形成对外部环境的完整认知并做出适当反应的能力。在抛绣球时，运动员需要同时处理来自眼睛（观察绣球位置）、手臂（感受肌肉力量与运动轨迹）、耳朵（听取队友指示或比赛信号）等多个感觉通道的信息，这一复杂的信息处理过程有助于强化个体的感知觉统合能力，提高身体协调性和反应速度。

3. 运动技能的迁移效应

手眼协调能力的训练在抛绣球活动中得到显著提升后，这种能力还能迁移到其他需要精细操作和视觉判断的运动项目中。例如，在篮球、乒乓球、羽毛球等球类运动中，良好的手眼协调能力是取得优异成绩的关键因素之一。因此，抛绣球活动不仅直接促进了参与者在该项目上的技能提升，还为其在其他运动项目中的表现奠定了坚实的基础。

（二）培养策略思维与判断力

1. 战术布局与策略制定

壮族抛绣球作为一项团队竞技项目，其比赛过程充满了策略性。在比赛中，各队需要根据对手的实力、风格以及场上形势的变化，灵活调整战术布局和策略制定。这一过程要求运动员具备敏锐的观察力、深入的分析能力和果断的决策能力。通过参与抛绣球比赛，运动员可以在实践中不断积累经验，学习如何观察对手、分析形势、制定并执行有效的战术策略，从而培养他们的策略思维和判断力。

2. 预判与应对能力的培养

在抛绣球比赛中，预判与应对能力至关重要。运动员需要通过对场上形势的准确预判，提前做出反应并采取相应的应对措施。这要求运动员具备高度的专注力、敏锐的洞察力和灵活的应变能力。通过反复练习和比赛实践，运动员可以逐渐提高自己的预判能力，学会在瞬息万变的比赛中迅速做出正确判断并果断行动。这种能力的培养不仅有助于运动员在抛绣球比赛中取得优异成绩，还能为他们在日常生活中面对复杂问题时提供有力的支持。

3. 逻辑思维与问题解决能力的提升

策略思维与判断力的培养还涉及逻辑思维和问题解决能力的提升。在抛绣球比赛中，运动员需要运用逻辑思维对比赛信息进行加工处理，找出问题的关键所在，并制订出切实可行的解决方案。这一过程要求运动员具备清晰的思维逻辑、严密的推理能力和有效解决问题的能力。通过参与抛绣球活动，运动员可以在实践中不断锻炼自己的逻辑思维和问题解决能力，为未来的学习和工作打下坚实的基础。

（三）提升团队合作与沟通能力

1. 团队精神的塑造

壮族抛绣球作为团队竞技项目，其最显著的特点就是强调团队合作。在比赛中，每个队员都需要发挥自己的特长和优势，与其他队员紧密配合，共同为团队的胜利而努力。这一过程有助于塑造运动员的团队精神，让他们深刻理解到个人与团队之间的紧密联系以及相互支持的重要性。通过参与抛绣球活动，运动员可以学会如何在团队中发挥自己的作用，如何与队友建立良好的合作关系，以及如何在困难面前保持团结一致、共同奋斗的精神风貌。

2. 沟通技能的锻炼

团队合作离不开有效地沟通。在抛绣球比赛中，运动员之间需要通过语言、眼神、手势等多种方式进行信息交流和传递。这要求运动员具备良好的沟通技能，能够准确表达自己的意图和想法，同时理解并接纳队友的反馈和建议。通过参与抛绣球活动，运动员可以在实践中不断锻炼自己的沟通技能，学会如何更好地与队友沟通协作，以提高团队的整体作战能力。

二、壮族抛绣球的教育转化实践

（一）游戏化教学法的应用

1. 情景模拟与角色扮演

在游戏化教学法中，情景模拟与角色扮演是激发学生兴趣、提高学习效果的有效手段。在壮族抛绣球的教学转化中，教师可以设计丰富的情景模拟环节，如模拟传统壮族节日中的抛绣球比赛场景，让学生扮演不同的角色（如参赛者、观众、裁判等），通过亲身体验来感受抛绣球的乐趣和魅力。这种教学方式不仅有助于学生更好地理解抛绣球的文化内涵和规则要求，还能增强他们的参与感和归属感，激发他们对传统文化的热爱和传承意识。

2. 任务驱动与挑战设计

任务驱动是游戏化学习的重要特征之一，它通过设定明确的任务目标来引导学生积极参与学习过程。在抛绣球的教学中，教师可以设计一系列由易到难的任务挑战，如基础抛接练习、团队协作传接、对抗赛等，让学生在完成任务的过程中逐步提升技能水平和团队协作能力。同时，教师还可以根据学生的实际情况和反馈，灵活调整任务难度和挑战内容，确保每个学生都能在自己适合的水平上得到充分地锻炼和成长。

3. 积分奖励与反馈机制

积分奖励和反馈机制是游戏化学习中常用的激励手段。在抛绣球的教学中，教师可以建立积分系统，对学生的表现进行量化评价，并根据积分高低给予相应的奖励或表彰。这种机制可以有效激发学生的学习积极性和竞争意识，促使他们更加努力地投入学习中去。同时，教师还应及时给予学生反馈，指出他们的优点和不足，帮助他们明确改进方向和目标。通过积分奖励和反馈机制的双重作用，可以进一步提升学生的学习效果和满意度。

（二）体育节与运动会的推广

1. 壮族抛绣球纳入特色项目

为了更广泛地推广壮族抛绣球这一传统体育项目，学校可以将其作为特色项目纳入体育节和运动会中。在体育节期间，可以组织专门的抛绣球比赛或表演活动，邀请全校师生参与观看和体验。同时，还可以邀请当地民间艺人或传承人进行现场展示和教学指导，让学生更加直观地了解抛绣球的历史渊源和文化内涵。通过这种方式，不仅可以丰富学生的课余生活、增进师生之间的交流与互动，还能有效传播和弘扬壮族传统文化。

2. 跨校交流与合作

为了进一步扩大壮族抛绣球的影响力和知名度，学校可以积极寻求与其他学校的交流与合作机会。通过组织各学校之间的抛绣球友谊赛或交流活动，不仅可以促进不同学校之间的文化交流和融合，还能提高学生的竞技水平和团队协作能力。另外，还可以借助网络平台和社交媒体等渠道进行宣传推广，吸引更多人的关注和参与。

3. 校园文化的建设与融合

将壮族抛绣球纳入体育节和运动会不仅是一项体育活动的推广，更是校园文化建设和融合的重要体现。学校可以通过设计具有壮族特色的宣传海报、横幅、标语等宣传材料来营造浓厚的文化氛围。同时，还可以将抛绣球的元素融入校园建筑、景观、雕塑等设计中去，使其成为校园文化的重要组成部分。通过这种方式，不仅可以增强学生的文化认同感和归属感，还能促进校园文化的多样性和包容性发展。

第五节 竹竿舞的育人价值
挖掘与教育转化

一、竹竿舞的育人价值挖掘

（一）增强身体灵活性与节奏感

1. 动态平衡与敏捷性的训练

竹竿舞是一种集舞蹈、体育与娱乐于一体的传统活动，其独特的舞蹈形式对参与者的身体灵活性提出了高要求。舞者需在快速变换的竹竿间灵活穿梭，这要求他们具备出色的动态平衡能力和敏捷的反应速度。在竹竿舞的练习过程中，舞者通过不断调整身体姿态、控制步伐节奏，能够有效锻炼腿部肌肉、核心肌群以及全身的协调性，从而提升身体的灵活性和稳定性。这种训练不仅有助于改善身体姿态、预防运动伤害，还能为舞者在其他体育项目和日常生活中的活动打下坚实的身体基础。

2. 节奏感与韵律感的增强

竹竿舞以其鲜明的节奏感和韵律感著称，舞者需根据音乐的节奏准确踩点、跳跃，与竹竿的开合节奏完美契合。这一过程不仅考验了舞者的听觉感知能力，还促进了他们节奏感与韵律感的增强。通过反复练习，舞者能够逐渐掌握音乐与动作之间的内在联系，学会通过身体语言来表达音乐的情感与节奏。这种能力的培养对于提升舞者的音乐素养、增强舞蹈表现力具有重要意义，同时也为他们在音乐、舞蹈及其他艺术领域的发展提供了有力支持。

3. 身心协调与放松的促进作用

竹竿舞的练习过程强调身心合一，要求舞者在快速变化的节奏中保持高度的专注。这种身心协调的状态有助于促进舞者的身心健康，缓解学习、工作等带来的压力与紧张情绪。在竹竿舞的舞动中，舞者通过身体的运动释放能量、放松身心，达到一种愉悦、轻松的心理状态。这种身心协调与放松的促进作用对于提高舞者的生活质量、培养乐观向上的生活态度具有积极作用。

（二）培养音乐素养与舞蹈美感

1. 音乐感知与理解能力的提升

竹竿舞与音乐的紧密结合是其独特魅力所在。舞者需通过听觉感知音乐的旋律、节奏、强弱等要素，并将其转化为舞蹈动作。这一过程不仅锻炼了舞者的听觉感知能力，还促进了他们对音乐的理解和感受能力的提升。在竹竿舞的学习中，舞者会逐渐学会如何分析音乐的结构、情感表达以及音乐与舞蹈之间的内在联系，从而培养出良好的音乐素养。

2. 舞蹈表现力与创造力的激发

竹竿舞作为一种表演艺术形式，其舞蹈动作的设计、编排和表现都充满了创意和想象力。在竹竿舞的学习过程中，舞者需通过不断地练习和尝试，探索适合自己的舞蹈风格和表达方式。这一过程不仅锻炼了舞者的舞蹈表现力，还激发了他们的创造力和想象力。舞者可以根据音乐的情感变化和竹竿舞的特点，自由发挥、创新动作，使舞蹈更加生动有趣、富有感染力。

3. 舞蹈美感的塑造与审美能力的提升

竹竿舞以其独特的舞蹈语言、优美的身体线条和和谐的音乐节奏，展现了一种独特的舞蹈美感。在竹竿舞的学习过程中，舞者需注重身体姿态、动作流畅度和表情管理等方面的训练，以塑造出优美的舞蹈形象。同时，通过欣赏优秀的竹竿舞表演和作品，舞者还能提升自己的审美能力和艺术鉴赏力。这种舞蹈美感的塑造与审美能力的提升不仅有助于舞者更好地展现自己的舞蹈才华，还能为他们在艺术领域的发展提供有力支持。

二、竹竿舞的教育转化实践

（一）教育转化实践的创新方法

在广西壮族竹竿舞的教育实践中，创新方法的运用是提升教学效果和学生参与度的关键，以下是一些创新实践方法。

1. 融合线下实践与线上指导

在实际的竹竿舞教学中，将线下的实践教学与线上指导相结合，可以有效提升教学效果。教师可以在课堂上进行竹竿舞的基本教学，利用实地的练习和示范帮助学生掌握技巧。而课后，教师可以通过线上平台发布练习任务和复习资料，让学生在家中进行自我练习和巩固。通过线上平台的指导，教师能够对学生的进展进行实时监控，并提供个性化的建议和指导，确保每位学生都能按自己的节奏练习。

2. 制订个性化教学方案

针对不同年龄段和能力水平的学生，制订个性化的教学方案是提高竹竿舞教育效果的有效途径。对于初学者，可以从简单的动作和基本节奏入手，逐步提高难度；对于有一定基础的学生，可以进行更复杂的编排和技巧训练。通过这种个性化的教学方式，能够让每位学生根据自己的实际情况获得最适合的指导，提高他们的学习兴趣和成效。

3. 开展互动式教学活动

组织竹竿舞的互动式教学活动可以激发学生的学习热情。例如，可以举办竹竿舞的校园比赛或表演活动，让学生在实践中展示自己的学习成果。这不仅能够提高学生的自信心，还能增强他们对竹竿舞的兴趣。此外，还可以邀请当地的竹竿舞艺术家和民间艺人进行现场教学和演示，让学生在直观的交流中学习更多的技巧和文化知识。

（二）竹竿舞教育实践的社区合作模式

社区合作模式在竹竿舞教育实践中发挥了重要作用。通过与社区的合作，不仅可以推广竹竿舞的普及，还能增强学生的实践经验。

1. 建立社区文化中心

在社区设立专门的竹竿舞文化中心，可以为当地居民提供系统的竹竿舞培训和实践机会。文化中心可以组织定期的竹竿舞培训班，邀请专业教师进行授课，提供竹竿舞的教材和教学资源。此外，还可以利用社区活动平台，举办竹竿舞的表演和展示活动，提升居民的参与度和兴趣。

2. 开展社区文化交流活动

社区之间的文化交流活动可以促进竹竿舞的传播和推广。例如，可以组织不同社区之间的竹竿舞交流活动，让各个社区的学生和居民进行互动和展示。这种交流不仅能够让学生学习到不同的舞蹈技巧，还能够增进社区之间的文化交流和理解。同时，通过这些活动，可以吸引更多的公众关注竹竿舞，提升其社会影响力。

3. 合作开发社区文化项目

与地方政府和文化机构合作，共同开发与竹竿舞相关的社区文化项目。例如，可以设计以竹竿舞为主题的文化节庆活动，结合地方特色进行推广。这些项目可以包括竹竿舞的演出、展览、工作坊等，通过丰富的活动形式，提高竹竿舞的知名度和影响力。此外，还可以与地方企业合作，开展竹竿舞的创新产品和纪念品开发，为竹竿舞的推广提供更多的支持。

（三）竹竿舞教育实践的学校合作模式

学校合作模式是实现竹竿舞教育目标的重要途径，通过与学校的合作，可以有效推动竹竿舞的教学和普及。

1. 设立竹竿舞课程

在学校课程体系中设立竹竿舞课程，可以让学生在正式的教育体系中学习和掌握竹竿舞的基本技能。这些课程可以分为基础班、进阶班和高级班，根据学生的学习进度和水平进行教学。课程内容不仅包括舞蹈技巧，还应涵盖竹竿舞的历史文化背景，使学生全面了解竹竿舞的文化内涵。

2. 组织校内竹竿舞活动

学校可以定期组织竹竿舞的校内活动，例如比赛、演出和展示等。这些活动不仅能够检验学生的学习成果，还能够激发他们的学习热情和创造力。同时，校内活动也为学生提供了展示自己才华的平台，有助于提高他们的自信心和团队合作能力。

第六章 广西壮族传统体育的育人价值挖掘与教育转化发展的实现路径

广西壮族传统体育的育人价值挖掘与教育转化，需要系统的实现路径和战略规划。为确保传统体育在教育中的有效应用和推广，本章将重点研究政策引导与资源整合、课程体系构建与教学方法创新、师资队伍建设与培训、文化传承与社区参与以及评估与反馈机制建立方面的内容。通过分析当前的政策环境、教育需求和资源条件，本章旨在提出切实可行的发展路径，推动传统体育项目的教育功能有效转化，促进传统体育的现代化发展和广泛应用。

第一节 政策引导与资源整合

一、政策引导与激励措施

（一）制定针对性政策，明确传统体育发展导向

在挖掘广西壮族传统体育的育人价值并推动其教育转化的过程中，首要任务是制定一套针对性强、具有前瞻性的政策体系，以明确传统体育在现代社会中的发展导向。这要求我们对广西壮族传统体育进行全面的现状调研，深入了解其文化内涵、历史传承、发展现状以及面临的挑战与机遇。通过实地走访、问卷调查、专家访谈等多种方式，收集第一手资料，为政策制定提供坚实的数据支撑。

基于调研结果，政府应组织相关部门和专家学者，共同研究制定一系列具体可行的政策文件。这些文件需明确传统体育的发展目标、主要任务、实施路径和保障

措施等关键要素，确保政策具有可操作性和可执行性。同时，政策文件应突出对育人价值的挖掘和教育转化的重视，鼓励将传统体育融入学校教育体系，发挥其独特的育人功能。

为确保政策的有效传达和落地，政府还需加强政策宣传工作。通过媒体发布、政策解读、培训讲座等多种形式，提高社会各界对传统体育的认知度和重视程度。特别是要加强对学校、家庭和社会组织的宣传引导，形成全社会共同参与、共同推动的良好氛围。

（二）设立专项基金，支持传统体育研究与教学

为了推动广西壮族传统体育的研究与教学工作深入开展，设立专项基金是必要且紧迫的举措。专项基金应确保资金来源的多元化和稳定性，包括政府财政拨款、社会捐赠、企业赞助等多种渠道。政府应发挥主导作用，积极争取上级财政支持，并鼓励社会各界参与捐赠和赞助活动。

在资金使用上，专项基金应重点支持以下几个方面：一是支持传统体育的学术研究，鼓励专家学者开展深入调研和理论探讨，挖掘传统体育的文化内涵和育人价值；二是支持教学设施建设和教学资源开发，改善学校传统体育的教学条件，丰富教学内容和形式；三是支持师资培训和教师发展，提高传统体育教师的教学水平和专业素养。

另外，专项基金的使用应建立严格的监管机制，确保资金使用的透明度和规范性。政府应成立专门的监管机构或委托第三方机构对基金使用情况进行定期审计和评估，确保资金真正用于支持传统体育的研究与教学工作。

（三）实施税收优惠，鼓励社会资本投入

为了吸引更多资本投入广西壮族传统体育领域，政府应实施一系列税收优惠政策措施。这些政策应针对传统体育产业的发展特点和实际需求进行设计，确保既能够激发社会资本的投资热情，又能够保障传统体育产业的健康发展。

一般而言，政府可以对投资传统体育项目的企业给予所得税减免、增值税抵扣等税收优惠政策；对捐赠传统体育事业的个人和企业给予税前扣除或税收抵免等优惠措施；对从事传统体育产品开发、销售等经营活动的企业给予税收返还或税收补贴等支持政策。同时，政府还应加强政策宣传和解读工作，确保企业和社会公众充分了解并有效利用这些税收优惠政策。

在实施税收优惠政策的过程中，政府还需加大政策的执行力度和监管力度。一方面要确保优惠政策的及时落地和有效执行，另一方面要加强对企业和社会资本的

监管和约束，防止出现虚假投资、套取税收优惠等违法违规行为。

（四）建立激励机制，表彰传统体育传承与创新成果

为了激励更多人参与到广西壮族传统体育的传承与创新中来，政府应建立健全激励机制并定期开展表彰活动。这些激励机制应涵盖多个层面和领域，确保能够全面覆盖传统体育的传承者、创新者以及相关组织和个人。

政府可以设立"传统体育传承与创新奖"等专项奖项，对在传统体育传承与创新方面做出杰出贡献的个人和团体给予表彰和奖励；可以举办"传统体育文化节"等主题活动，为传承者和创新者提供展示和交流的平台；可以加强与传统体育相关的知识产权保护工作，保障传承者和创新者的合法权益和利益。

在表彰活动中，政府应注重发挥典型的引路作用，通过表彰先进典型和优秀案例来激发更多人的积极性和创造力。同时还应加强宣传报道工作，通过媒体发布、网络传播等多种渠道扩大表彰活动的影响力和覆盖面，让更多人了解并关注传统体育的传承与创新工作。

（五）强化政策监督与评估，确保政策有效实施

1. 建立多层次监督体系

为确保政策监督的全面性和有效性，应构建包括政府内部监督、社会监督、媒体监督以及第三方评估在内的多层次监督体系。政府内部监督应明确各级政府和部门的职责分工，确保政策执行过程中的各个环节都有明确的责任主体和监督机制。社会监督和媒体监督可以通过公开透明的信息发布和公众参与机制，让社会各界了解政策执行情况，发现问题并及时反馈。第三方评估机构则可以利用其专业性和独立性，对政策执行效果进行客观、公正地评估。

2. 定期开展政策评估

政策评估是检验政策效果、发现问题并及时调整政策方向的重要手段。政府应定期组织专家团队或委托专业机构对广西壮族传统体育相关政策进行评估。评估内容应包括政策目标的实现程度、政策执行过程中的问题与挑战、政策对传统体育育人价值挖掘与教育转化的实际贡献等。评估结果应及时向社会公布，并作为政策调整和完善的重要依据。

3. 建立健全反馈与调整机制

在政策执行过程中，难免会遇到各种问题和挑战。因此，建立健全的反馈与调整机制至关重要。政府应设立专门的反馈渠道，鼓励社会各界对政策执行情况进行

反馈和建议。同时，政府还应建立快速响应机制，对反馈的问题和建议进行及时处理和回应。对于政策执行过程中出现的偏差或不足，政府应及时调整政策方向或完善政策措施，确保政策目标的实现和育人价值的最大化。

4. 加强政策执行人员的培训与管理

政策执行人员的素质和能力直接影响政策执行的效果，因此，政府应加强对政策执行人员的培训与管理。培训内容应包括政策解读、执行技巧、沟通协调等方面，通过培训提高政策执行人员的专业素养和执行能力。同时政府还应建立健全的考核机制和激励机制，对政策执行人员进行定期考核和奖惩激励，确保他们能够以高度的责任心和使命感投入到政策执行的工作中去。

二、资源整合与优化配置

在推动广西壮族传统体育育人价值挖掘与教育转化发展的过程中，通过科学合理地整合与配置各类资源，能够最大化地发挥资源的效能，促进传统体育的传承与创新，进而实现其育人价值的深度挖掘与教育转化的有效推进。

（一）跨区域资源整合，打破地域限制

1. 建立区域合作机制

为了打破地域限制，实现广西壮族传统体育资源的跨区域整合，首要任务是建立健全的区域合作机制。政府应发挥主导作用，积极协调各地区之间的关系，推动形成跨区域合作的政策框架和制度体系。通过签订合作协议、建立联席会议制度等方式，明确合作目标、任务和责任分工，为资源整合提供有力的制度保障。

2. 共享优质资源

在区域合作的基础上，应积极推进优质传统体育资源的共享。这包括传统体育项目的传承人、教学师资、训练基地、文化遗产等方面的资源共享。通过组织交流活动、开展联合培训、建立资源共享平台等方式，促进各地区之间的资源共享和优势互补，提高资源利用效率。

3. 促进文化交流与融合

跨区域资源整合不仅仅是物质资源的共享，更重要的是文化的交流与融合。通过举办传统体育文化节、体育赛事、学术研讨会等活动，搭建文化交流的平台，促进不同地区之间文化的相互了解和认同。这种文化交流与融合有助于形成更为丰富

的传统体育文化内涵，为育人价值的挖掘和教育转化提供更加坚实的文化基础。

（二）加强校内外资源联动，形成教育合力

1. 强化学校主体作用

学校作为教育的主阵地，在推动壮族传统体育育人价值挖掘与教育转化发展中发挥着核心作用。学校应充分认识到传统体育独特的育人价值，并将其纳入学校课程体系和校园文化建设之中。通过开设传统体育课程、组织传统体育活动、举办传统体育比赛等方式，强化学生对传统体育的认知和体验，促进其身心健康发展。

2. 引入校外资源

在发挥学校主体作用的同时，还应积极引入校外资源，形成校内外资源的联动。这包括邀请传统体育项目的传承人、专家学者、优秀运动员等进校园开展讲座、示范和指导；与社区、体育俱乐部等校外机构建立合作关系，共同开展传统体育项目的教学和训练；利用社会媒体和网络平台扩大传统体育的影响力和传播范围等。

3. 构建家校社共育体系

家校社共育是实现育人价值最大化的重要途径。学校应加强与家庭和社会的联系合作，共同构建传统体育育人的良好环境。通过举办家长课堂、社区活动等方式，引导家长和社会各界关注和支持传统体育的传承与发展；通过建立家校联系机制、社区共建共享机制等，形成家校社共育的合力，共同推动壮族传统体育育人价值的挖掘与教育转化。

（三）信息技术融合，打造智慧教育平台

1. 构建数字化资源库

信息技术的发展为传统体育资源的数字化和网络化提供了有力支持。应充分利用现代信息技术手段，构建壮族传统体育的数字化资源库。这包括对传统体育项目的视频、图片、文字资料进行收集、整理和数字化处理；建立在线学习平台和教学资源库；开发数字化教材和辅助教学工具等。通过数字化资源库的建设，可以方便地实现资源的共享和利用，提高教学效率和质量。

2. 推广远程教育

远程教育技术能够打破时间和空间的限制，为更广泛的人群提供学习机会。应利用远程教育技术推广壮族传统体育的教学和训练。通过开发在线课程、开展网络直播授课、提供在线答疑等方式，让更多的人能够接触到和学习到壮族传统体育项

目。同时还可以通过远程教育平台开展跨地区的师资培训和学术交流活动，提升教师的教学水平和专业素养。

3. 智能辅助教学

智能辅助教学系统可以根据学生的学习情况和需求提供个性化的教学方案和指导。应探索将智能辅助教学系统应用于壮族传统体育的教学中。通过开发智能评估系统、个性化训练计划制订系统等工具，实现对学生学习进度和训练效果的实时监测和评估；通过智能推荐系统为学生提供符合其兴趣和能力的传统体育项目和训练内容；通过智能辅导系统为学生提供个性化的指导和帮助等。这些智能辅助教学工具的应用将有助于提高教学的针对性和有效性，促进学生更好地掌握传统体育知识和技能。

（四）资源评估与调整，确保高效利用

1. 建立资源评估体系

为了确保资源的高效利用和合理配置，应建立科学的资源评估体系。这包括对现有资源的数量、质量、分布和利用情况进行全面调查和分析；对资源的利用效率和效益进行评估和测算；对资源的未来发展潜力和趋势进行预测和规划等。通过资源评估体系的建立可以为资源的优化配置和合理使用提供有力的数据支持和决策依据。

2. 定期评估与调整

资源评估应定期进行以反映资源的最新情况和发展变化。通过定期评估可以及时发现资源利用中存在的问题和不足，为资源的调整和优化提供依据。同时还应根据评估结果对资源进行适时调整和优化配置，以确保资源的最大化利用和效益的最大化。这包括根据需求的变化调整资源的分配比例，优化资源配置结构；根据评估结果对低效或无效的资源进行淘汰或整合，提高资源利用效率；根据新技术、新方法的出现和发展，及时更新和升级资源，保持其先进性和适应性。

3. 强化反馈机制

在资源评估与调整的过程中，强化反馈机制至关重要。通过建立健全的反馈渠道和机制，可以及时了解资源使用者和利益相关者的意见和建议，为资源评估和调整提供重要参考。同时，还应建立快速响应机制，对反馈的问题和建议进行及时处理和改进，确保资源评估与调整工作的持续性和有效性。另外，通过公开透明的信息发布和公众参与机制，增强资源评估与调整工作的透明度和公信力，促进社会各

界对资源利用和配置工作的理解和支持。

第二节　课程体系构建与教学方法创新

一、课程体系构建

通过精心设计的课程体系，不仅能够全面展现传统体育的独特魅力，还能有效融入现代教育理念，促进学生全面发展。

（一）明确课程目标，融入传统体育元素

1. 确立多维课程目标

课程目标的设定应体现全面性、发展性和时代性。在构建壮族传统体育课程体系时，应明确课程不仅旨在传授体育技能，更在于培养学生的文化认同感、团队合作精神、创新思维能力和终身体育习惯等多方面的素养。同时，将传统体育元素作为课程目标的重要组成部分，确保学生在学习过程中能够深入了解并体验传统体育的文化内涵和精神价值。

2. 融合现代教育理念

在明确课程目标的过程中，应充分融合现代教育理念，如素质教育、终身教育、全人教育等。通过这些理念的引导，使壮族传统体育课程体系更加符合现代教育发展的要求，促进学生德智体美劳全面发展。同时，也要注重将传统体育元素与现代体育理念相结合，创造出具有时代特色的课程体系。

（二）设计课程内容，覆盖理论与实践

1. 理论与实践并重

课程内容的设计应坚持理论与实践相结合的原则。在理论方面，要系统介绍壮族传统体育的起源、发展、特点、价值以及相关的文化背景和历史知识；在实践方面，要重点教授传统体育项目的基本技能、训练方法、比赛规则以及安全注意事

108

项等。通过理论与实践的有机结合，使学生既能掌握扎实的理论知识，又能具备较高的实践技能。

2. 模块化课程设计

为了更好地满足学生的学习需求，可以将课程内容划分为多个模块进行教学。例如，可以设置基础技能模块、竞技比赛模块、文化传承模块等。每个模块都有其独特的教学目标和内容安排，学生可以根据自己的兴趣和需求选择相应的模块进行学习。这种模块化的课程设计方式有助于提高教学的针对性和灵活性。

（三）优化课程结构，满足不同学生的学习需求

1. 层次分明的课程体系

在构建壮族传统体育课程体系时，应注重课程结构的层次性和连贯性。可以根据学生的年龄、兴趣、水平等因素设置不同层次的课程，如初级班、中级班和高级班等。每个层次的课程都应有明确的教学目标、内容安排和评价标准，确保学生能够循序渐进地掌握知识和技能。同时，各层次课程之间应保持一定的连贯性和衔接性，为学生构建完整的知识体系提供有力支持。

2. 灵活多样的课程形式

为了满足不同学生的学习需求，可以采用灵活多样的课程形式进行教学。除了传统的课堂教学外，还可以引入户外教学、网络教学、实践教学等多种形式。例如，可以组织学生到传统体育活动现场进行观摩和学习；利用网络平台开展远程教学和互动交流；通过组织比赛和表演活动等方式检验学生的学习成果和实践能力。这些多样化的课程形式有助于激发学生的学习兴趣和积极性，提高教学效果和质量。

（四）开发特色课程，增强课程吸引力

1. 挖掘地方特色资源

在开发壮族传统体育特色课程时，应充分挖掘和利用地方特色资源。例如，可以邀请当地传统体育项目的传承人进校园授课；利用当地的自然环境和人文景观开展特色教学活动；将地方文化元素融入课程内容和教学方式中等。这些特色资源的利用不仅有助于丰富课程内容和形式，还能增强学生的文化认同感和归属感。

2. 创新课程设计思路

为了增强课程的吸引力和趣味性，可以创新课程设计思路。例如，可以将传统体育项目与现代科技手段相结合，开发出具有时代特色的新型体育课程；将传统体

育元素融入其他学科的课程中，形成跨学科的教学体系；通过设计富有创意的教学活动和任务挑战等方式激发学生的学习兴趣和动力。这些创新性的课程设计思路有助于打破传统教学的束缚和局限，为学生提供更加丰富多彩的学习体验。

二、教学方法创新

传统的教学方法往往侧重于知识的灌输和技能的训练，而忽视了学生主体性的发挥和综合素质的培养。因此，针对壮族传统体育的独特性和教育目标，我们需要探索和实施一系列创新的教学方法，以提高教学效果，促进学生全面发展。

（一）情景模拟法

1. 构建沉浸式学习环境

情景模拟法通过模拟传统体育活动的真实场景，使学生能够在身临其境的环境中学习和体验。为了构建这样沉浸式的学习环境，教师可以利用场地布置、道具准备、音乐配合等手段，再现传统体育活动的原始风貌和氛围。例如，在教授壮族传统舞蹈时，可以在教室内布置具有民族特色的背景墙和装饰物，播放相应的民族音乐，营造出浓厚的民族文化氛围，让学生仿佛置身于节日庆典之中。

2. 增强情感体验与文化认同

情景模拟法不仅有助于学生掌握技能，更重要的是能够增强学生的情感体验和文化认同。在模拟的体育场景中，学生能够更加直观地感受到传统体育所蕴含的文化内涵和精神价值，从而加深对民族文化的理解和认同。这种情感体验和文化认同的增强，有助于培养学生的民族自豪感和文化自信心，为他们的长远发展奠定坚实的文化基础。

（二）翻转课堂

1. 颠覆传统教学模式

翻转课堂是一种颠覆传统教学模式的新型教学方法。它强调学生在课前通过观看视频、阅读资料等方式进行自主学习，在课堂上则主要进行问题探讨、实践操作和互动交流等活动。在壮族传统体育的教学中，教师可以利用翻转课堂模式，先让学生在课前了解传统体育项目的起源、发展、基本规则等理论知识，之后在课堂上进行技能练习和比赛实践。

2. 培养自主学习能力

翻转课堂模式有助于培养学生的自主学习能力。在课前自学阶段，学生需要自主安排学习时间和内容，选择合适的学习方法和资源进行学习。这种自主学习的过程不仅能够提高学生的学习效率，还能够培养他们自我管理和自我约束的能力。同时，在课堂上的互动交流环节，学生需要积极表达自己的观点和见解，参与讨论和合作，这也有助于提高他们的沟通能力和团队协作精神。

（三）案例教学法

1. 选取典型案例

案例教学法是一种以案例为基础的教学方法，它通过分析和讨论实际案例来帮助学生理解和掌握相关知识和技能。在壮族传统体育的教学中，教师可以选取一些具有代表性的传统体育项目或活动作为案例进行分析和讨论，这些案例可以是历史上著名的体育赛事、文化节庆活动等。

2. 探讨传统体育的现代价值

通过分析这些典型案例，教师可以引导学生探讨传统体育在现代社会的价值和应用。例如，可以讨论传统体育在促进民族团结、传承民族文化、增强身体素质等方面的作用；还可以探讨如何将传统体育元素融入现代体育活动中，以丰富体育活动的文化内涵和趣味性。这种探讨过程不仅能够帮助学生深入理解传统体育的现代价值，还能够激发他们的创新思维和实践能力。

第三节　师资队伍建设与培训

一、师资队伍建设

一个高素质、专业化的教师团队不仅能够确保教学质量的稳步提升，还能为传统体育文化的传承与创新提供强大的智力支持。因此，构建一支结构合理、素质优良的师资队伍，对于推动广西壮族传统体育的育人价值挖掘与教育转化发展具有重要意义。

（一）制定教师招聘标准，吸引优秀人才

1. 明确招聘需求与定位

根据学校或教育机构的发展规划及壮族传统体育课程的教学需求，明确教师的招聘需求和定位。这包括确定所需教师的专业领域、教学经验、技能水平、研究能力等方面的要求，以确保所招聘的教师能够胜任教学任务并具备推动课程创新发展的能力。

2. 设定科学合理的招聘标准

在明确招聘需求与定位的基础上，应设定科学合理的招聘标准。这些标准应涵盖学历背景、专业资质、教学经历、科研成果等多个方面，并注重考察应聘者的综合素质和教学潜力。同时，还应关注应聘者对于壮族传统体育文化的了解与热爱程度，以及其在传承与创新方面的潜力与能力。

3. 拓宽招聘渠道，提高招聘效率

为了吸引更多优秀人才加入，应拓宽招聘渠道，采用多种方式进行招聘。可以通过媒体发布招聘信息、参加招聘会、与高校合作培养等方式，广泛宣传招聘信息，提高招聘的知名度和影响力。同时，还可以利用互联网等现代信息技术手段，提高招聘效率和质量。

（二）构建多元化师资队伍，丰富教学资源

1. 引进外部专家与学者

为了丰富教学资源，提升教学质量，应积极引进专家与学者加入师资队伍。这些专家与学者可以在教学、科研等方面为学校或教育机构提供宝贵的支持和帮助。他们不仅可以带来先进的教学理念和方法，还可以为学生提供更加丰富多样的学习资源和机会。

2. 培养本土师资力量

在引进外部人才的同时，还应注重培养本土师资力量。通过组织培训、进修、学术交流等活动，提升本土教师的教学能力和研究水平。同时，鼓励本土教师积极参与壮族传统体育文化的传承与创新工作，将自身的实践经验和研究成果融入教学中去。

3. 构建多学科交叉的师资队伍

为了促进壮族传统体育与现代教育的深度融合，应构建多学科交叉的师资队伍。

这包括体育学、民族学、历史学、文化学等多个学科的专家学者共同参与教学和研究工作。通过跨学科的合作与交流，可以拓宽教学视野和思路，促进知识的交叉融合和创新发展。

（三）建立教师考核机制，激励教师成长

1. 制定科学合理的考核标准

为了激励教师积极投身教学与研究工作，应制定科学合理的考核标准。这些标准应涵盖教学质量、科研成果、教学创新等多个方面，并注重考查教师的综合素质和长远发展潜力。同时，还应根据学校或教育机构的实际情况和发展需求进行调整和完善。

2. 实施多元化考核评价方式

在考核评价方式上，应采用多元化的方式进行。除了传统的考试、论文等方式外，还可以引入学生评价、同行评价、自我评价等多种评价方式。这些评价方式可以更加全面、客观地反映教师的教学水平和贡献度，为教师的成长和发展提供更加科学的依据。

3. 建立奖惩机制

为了激励教师积极参与考核并不断提升自身素质和能力水平，应建立奖惩机制。对于表现优秀的教师应给予适当的奖励和表彰；对于表现欠佳的教师应进行指导和帮助并督促其改进。通过奖惩机制的建立和实施可以激发教师的积极性和创造力，推动师资队伍的不断发展壮大。

（四）促进教师团队合作，共享教学资源

1. 加强教师间的沟通交流

为了促进教师团队合作和共享教学资源，应加强教师间的沟通交流。可以通过组织教学研讨会、经验分享会等活动为教师提供交流互动的平台和机会。同时还应鼓励教师之间建立良好的合作关系，共同研究和解决教学中遇到的问题和挑战。

2. 建立教学资源共享平台

为了更加高效地共享教学资源，可以建立专门的教学资源共享平台。该平台包括教案、课件、视频资料等多种教学资源，供教师参考和使用。通过平台的建立和使用，可以实现教学资源的优化配置和高效利用并提升教学效果和质量。

3. 推动团队协作与项目研究

为了推动团队协作和项目研究，可以组织教师团队共同参与相关课题的研究工作。通过团队协作的方式，可以集思广益，共同攻克研究难题，推动研究成果的产出和应用。同时，还可以通过项目研究的方式提升教师的科研能力和实践能力，为教学工作的创新发展提供更加坚实的支撑。

二、教师培训与发展

通过持续、系统的培训与发展计划，不仅能够提升教师的专业素养和教学能力，还能激发其创新思维和科研热情，为传统体育文化的传承与创新注入新的活力。

（一）定期举办专业培训，更新教育理念

1. 专业培训内容设计

专业培训应紧密围绕壮族传统体育的育人价值、教学方法、课程设计等核心议题展开。培训内容需涵盖最新的教育理念、教学技术、课程评估方法等，以确保教师能够紧跟时代步伐，不断更新自己的知识体系和教育观念。同时，还应结合壮族传统体育的特点，设计具有针对性的培训内容，如民族体育文化传承、地方特色体育项目教学等。

2. 培训形式创新

为了提升培训效果，应积极探索多样化的培训形式。除了传统的讲座、研讨会外，还可以采用案例分析、工作坊、模拟教学等互动式培训方式，让教师在参与中学习和成长。另外，还可以利用现代信息技术手段，如在线课程、网络直播等，打破时间和空间的限制，为教师提供更加灵活便捷的学习机会。

3. 培训效果评估与反馈

为了确保培训质量，应建立科学的效果评估与反馈机制。通过问卷调查、访谈、教学展示等方式收集教师的反馈意见，了解培训的实际效果和存在的问题。根据评估结果及时调整培训内容和形式，确保培训能够真正满足教师的需求并促进其专业发展。

（二）组织教学研讨会，分享教学经验

1. 搭建交流平台

教学研讨会是教师分享教学经验、交流教学心得的重要平台。应定期组织此类活动，邀请校内外专家、学者及一线教师共同参与。通过主题演讲、小组讨论、教学展示等形式，促进教师之间的深入交流与合作。

2. 鼓励经验分享

在教学研讨会上，应鼓励教师积极分享自己的教学经验和成功案例。这些经验可以包括教学方法的创新、课程设计的优化、学生兴趣的培养等方面。通过分享与交流，教师可以相互借鉴、取长补短，共同提升教学质量和效果。

3. 促进教学反思

教学研讨会还应成为教师进行教学反思的重要契机。通过回顾自己的教学实践、分析存在的问题与不足，教师可以更加清晰地认识到自己的优势和劣势，从而有针对性地制订改进措施和发展计划。这种反思与改进的过程对于教师的专业成长具有重要意义。

（三）提供国内外交流机会，拓宽教师视野

1. 国际交流项目

为了拓宽教师的国际视野，应积极争取和参与国际交流项目。这些项目可以包括参加国际学术会议、访问国外知名学府、与国外同行建立合作关系等。通过与国际同行的交流与合作，教师可以了解国外体育教育领域的最新动态和研究成果，借鉴其先进的教学理念和教学方法。

2. 国内考察学习

除了国际交流外，还应组织教师参加国内的考察学习活动。这些活动可以包括参观其他地区的优秀学校、参与国内体育教育领域的研讨会和论坛等。通过实地考察和学习交流，教师可以了解国内体育教育领域的先进经验和做法，为自己的教学实践提供有益的参考和借鉴。

3. 跨文化交流体验

跨文化交流体验是教师拓宽视野的重要途径之一。可以组织教师前往壮族聚居地区进行实地考察和文化体验活动，深入了解壮族传统体育文化的历史渊源、发展现状和传承方式。这种亲身体验不仅可以让教师更加深入地了解壮族传统体育文化

的内涵和价值，还能激发其对于民族体育文化传承与创新的热情和动力。

（四）设立教师发展基金，支持教师科研与进修

1. 基金设立目的与意义

设立教师发展基金旨在为教师提供必要的经费支持，鼓励其积极参与科研活动和进修学习。这不仅可以提升教师的科研能力和学术水平，还能促进其在教学实践中的创新与发展。同时，基金的设立还有助于激发教师的积极性和创造力，为学校的整体发展注入新的活力。

2. 基金适用范围与标准

教师发展基金的适用范围应涵盖科研项目资助、进修学习补贴、学术交流经费等多个方面。在资助标准上应根据项目的实际情况和教师的实际需求进行合理确定，确保资金使用的公平性和有效性。同时还应建立完善的资金管理制度和监督机制，确保基金使用的透明度和规范性。

3. 激励与考核机制

为了充分发挥教师发展基金的激励作用，应建立完善的激励与考核机制。对于在科研和进修方面取得显著成果的教师应给予适当的奖励和表彰；对于未能按时完成研究任务或未达到预期效果的教师则进行相应的督促和指导。通过这种激励与考核机制可以激发教师的积极性和创造力，推动其在科研和进修方面取得更加优异的成绩。

第四节　文化传承与社区参与

文化传承与社区参与不仅是传统体育得以延续和发展的基石，也是实现其育人功能、增强民族认同感和文化自信的关键途径。

一、文化传承与创新

文化传承与创新是相辅相成的两个方面，它们共同推动着壮族传统体育在现代社会的生命力与影响力。

（一）深入挖掘传统体育文化内涵，传承精神价值

1. 文化根源探析

要深入挖掘壮族传统体育的文化内涵，首先应追溯其历史根源，理解其在壮族社会历史进程中的地位和作用。这包括研究传统体育项目的起源、发展、演变过程，以及与之相关的神话传说、民间故事、风俗习惯等。通过这些研究，我们可以更全面地把握壮族传统体育的文化脉络和精神内核。

2. 精神价值提炼

在挖掘文化内涵的基础上，进一步提炼其精神价值。壮族传统体育往往蕴含着丰富的民族精神、道德观念和人生哲理，如团结协作、勇于拼搏、尊老爱幼等。这些精神价值不仅是体育运动的灵魂所在，也是教育转化过程中的重要资源。通过传承这些精神价值，可以培养学生的道德品质、社会责任感和文化自信。

（二）创新传统体育表现形式，吸引年轻群体

1. 融合现代元素

为了吸引年轻群体的关注和参与，需要对壮族传统体育的表现形式进行创新。这包括将现代科技手段、时尚元素等融入传统体育项目中，使其更加符合年轻人的审美和兴趣。例如，可以开发基于 VR 或 AR 技术的传统体育体验项目，让年轻人在游戏中感受传统体育的魅力。

2. 创新竞赛形式

创新竞赛形式，增加传统体育的趣味性和挑战性。例如，可以举办跨地区的传统体育文化节、邀请赛等，吸引更多年轻选手和观众的参与。同时，可以设立多样化的奖项和激励机制，鼓励年轻人在传统体育领域展现自己的才华和潜力。

（三）结合现代教育理念，赋予传统体育新生命

1. 融入课程体系

将壮族传统体育融入现代教育体系是赋予其新生命的重要途径。通过开设相关课程、编写教材、制定教学大纲等方式，将传统体育纳入学校体育教学之中。这不仅可以丰富学校体育教学内容和形式，还可以使学生在学习过程中了解并传承民族传统文化。

2. 跨学科融合

探索壮族传统体育与其他学科的融合路径。例如，可以将传统体育与历史文化、

民族学、体育科学等学科相结合，开展跨学科的研究和教学活动。这种融合不仅可以拓宽学生的知识视野和思维方式，还可以促进传统体育在现代社会中的多元化发展。

（四）开展文化传承活动，增强文化自信

1. 社区文化活动

在社区层面开展丰富多彩的文化传承活动是推动壮族传统体育传承与发展的重要手段。这些活动可以包括传统体育表演、教学体验、知识讲座等多种形式。通过这些活动可以让社区居民更加深入地了解壮族传统体育的文化内涵和价值意义，从而激发他们参与文化传承的积极性和热情。

2. 国际文化交流

积极推动壮族传统体育的国际文化交流与合作。通过参加国际体育赛事、举办国际体育文化节等活动，向世界展示壮族传统体育的独特魅力和文化价值。这不仅可以提升壮族传统体育的国际知名度和影响力，还可以增强民族自豪感和文化自信。

二、社区参与与融合

社区作为文化传承的重要载体，社区参与与融合发挥着不可替代的作用。通过构建有效的社区参与机制，不仅能够促进传统体育的普及与发展，还能增强社区凝聚力，形成积极向上的文化氛围。

（一）建立社区传统体育组织，促进普及与发展

1. 组织框架构建

为了有效推动壮族传统体育在社区的普及与发展，首要任务是建立健全社区传统体育组织体系。这包括成立由社区居民、体育爱好者、专业人士等组成的传统体育协会或俱乐部，明确组织宗旨、职能分工和运行机制。通过制定科学合理的规章制度和管理办法，确保组织活动的有序开展和持续发展。

2. 专业指导与培训

为了提升社区传统体育活动的专业性和规范性，应加强对组织成员的专业指导和培训。可以邀请传统体育传承人、体育院校专家等作为顾问或教练，为社区体育组织提供技术指导、项目策划和人才培养等方面的支持。同时，定期组织内部培训

活动，提升组织成员的业务能力和技能水平。

3. 资源整合与共享

社区传统体育组织还应积极整合社区内外的体育资源，包括场地设施、器材设备、师资力量等，实现资源共享和优化配置。通过与政府部门、企事业单位、社会团体的合作与交流，拓宽资源获取渠道，为社区居民提供更加优质的体育服务。

（二）举办社区传统体育比赛，增强居民凝聚力

1. 赛事策划与组织

举办社区传统体育比赛是增强居民凝聚力的有效手段。在策划和组织赛事时，应充分考虑社区居民的兴趣爱好和实际需求，设置具有地方特色和民族风情的比赛项目。同时，还应该注重比赛的公平性和安全性，制定详细的比赛规则和安全预案，确保赛事的顺利进行。

2. 居民参与互动

鼓励社区居民积极参与比赛活动，通过比赛增进邻里间的交流与互动。可以设置不同年龄组别和性别组别的比赛项目，吸引更多居民的参与。同时，在比赛过程中注重营造欢乐、和谐的氛围，让居民在享受体育乐趣的同时感受到社区的温暖和关怀。

3. 赛后总结与反馈

比赛结束后，应及时进行总结和反馈工作。通过收集参赛者和观众的反馈意见，了解比赛活动的优点和不足之处，为今后的赛事策划和组织提供参考。同时，对表现突出的个人和团队进行表彰和奖励，激发居民参与体育活动的热情和积极性。

（三）加强与学校合作，共同推动文化传承

1. 合作机制建立

社区与学校作为文化传承的重要阵地，应加强合作与交流。可以建立定期的合作会议制度或联络机制，共同商讨文化传承的具体措施和实施方案。通过共享资源、互通信息、协同作战的方式，形成文化传承的合力。

2. 教学内容与课程开发

学校可以将壮族传统体育纳入体育教学课程之中，通过开设相关课程、编写教材、制定教学大纲等方式将传统体育知识传授给学生。同时，社区可以为学校提供实践教学基地和师资力量支持，帮助学生更好地理解和掌握传统体育技能和文化内

涵。另外，双方还可以共同开发具有地方特色的体育课程和教材资源，丰富学校体育教学的内容和形式。

3. 文化体验与交流活动

为了加深学生对壮族传统体育文化的了解和认同，可以组织文化体验与交流活动。例如邀请社区传统体育传承人到学校进行示范教学和表演展示；组织学生到社区参与传统体育活动和民俗节庆活动等。通过这些活动可以让学生亲身体验传统文化的魅力所在，增强他们的文化自信和民族自豪感。

（四）利用媒体平台，扩大社区影响力

1. 媒体资源整合

在当今信息化时代，媒体平台已成为文化传播的重要渠道。社区应充分利用电视、广播、报纸等传统媒体以及互联网、社交媒体等新媒体平台资源，加强对壮族传统体育文化的宣传和推广。通过制作宣传片、发布新闻稿、开设专题栏目等方式提高传统文化的知名度和影响力。

2. 内容创新与传播

在媒体传播过程中应注重内容的创新性和吸引力。可以挖掘传统体育背后的故事和传说，展现其独特的文化魅力和历史价值，也可以结合现代元素和技术手段进行创意表达和传播方式创新。例如通过制作微电影、动画短片等形式将传统体育项目以更加生动直观的方式呈现给公众；或者利用社交媒体平台的互动性和传播力开展线上活动，从而吸引更多年轻人的关注和参与。

3. 公众参与反馈

媒体平台不仅是文化传播的载体也是公众参与和反馈的渠道之一。社区应积极回应公众对于传统文化的关注和疑问，及时解答他们的疑惑并收集他们的意见和建议。同时鼓励公众通过媒体平台分享自己的传统体育体验和文化感悟，形成积极向上的文化氛围和良好的社会舆论环境。

第五节 评估与反馈机制建立

构建科学、全面、有效的评估与反馈机制，不仅能够客观评价传统体育项目的实施效果，还能及时发现并解决问题，为持续优化教育转化策略提供有力支持。

一、评估体系构建

评估体系的科学构建是确保评估结果准确、可靠的前提。它要求我们在制定评估标准、选择评估方法、设计评估指标等方面做到严谨细致、全面客观。

（一）制定科学的评估标准与方法

1. 明确评估目标

首要明确评估的目标和范围。针对广西壮族传统体育的育人价值挖掘与教育转化发展，评估目标应聚焦于传统体育项目的教育效果、文化传承效果、社会影响力等多个维度。同时，要明确评估的时间范围、空间范围以及具体对象，确保评估工作的针对性和有效性。

2. 选择科学的评估方法

评估方法的选择应根据评估目标和内容来确定。可以采用定量分析与定性分析相结合的方法，通过问卷调查、访谈、观察记录、数据分析等多种手段收集信息。其中，定量分析可以运用统计学原理对收集到的数据进行处理和分析，得出客观、具体的结论；定性分析则侧重于对现象、过程、意义等进行深入理解和解释，揭示其内在规律和本质特征。

3. 确保评估标准的客观性

评估标准的制定应基于客观事实和数据支持，避免主观臆断和偏见。可以借鉴国内外相关领域的评估标准和经验，结合广西壮族传统体育的实际情况进行适当调整和完善。同时，确保评估标准具有可操作性和可衡量性，便于在实际评估过程中进行应用和操作。

（二）建立多元化评估指标体系

1. 多维度评估指标

为了全面反映广西壮族传统体育的育人价值挖掘与教育转化效果，需要建立多元化的评估指标体系。这些指标应涵盖教育效果、文化传承效果、社会影响力等多个方面。在教育效果方面，可以包括学生的身体素质提升、体育技能掌握程度、体育精神培养等；在文化传承效果方面，可以包括学生对传统文化的认知程度、文化认同感、文化传承意愿等；在社会影响力方面，可以包括传统体育项目的社会关注度、参与度、影响力等。

2. 权重分配与量化处理

在建立评估指标体系时，还需要对各项指标进行权重分配和量化处理。权重分配应根据各项指标的重要性和影响力来确定，确保评估结果的客观性和准确性。量化处理则是将各项指标转化为可比较、可衡量的数值或等级，便于进行统计分析和比较评价。

3. 动态调整与优化

评估指标体系并非一成不变，而是需要根据实际情况进行动态调整和优化。随着教育转化策略的深入实施和外部环境的变化，评估指标体系和权重分配可能需要进行相应的调整和完善。因此，需要建立定期评估与反馈机制，及时收集和分析评估结果，为评估指标体系的优化提供有力支持。

（三）实施定期与不定期评估相结合

1. 定期评估

定期评估是评估与反馈机制的重要组成部分。通过设定固定的评估周期（如每学期、每学年等），对广西壮族传统体育的育人价值挖掘与教育转化效果进行全面、系统地评估。定期评估有助于及时发现问题、总结经验教训并制定相应的改进措施。同时，定期评估还可以为教育转化策略的持续优化提供数据支持和参考依据。

2. 不定期评估

除了定期评估外，还需要根据实际情况开展不定期评估。不定期评估是针对特定问题或事件进行专项评估或突击检查，以快速了解问题的实际情况并采取相应的应对措施。不定期评估具有灵活性和针对性强的特点，能够及时发现并解决问题避免问题扩大化或恶化。

3. 评估结果的综合运用

无论是定期评估还是不定期评估其结果都应得到充分地运用和转化。评估结果不仅可以作为教育转化策略调整的依据，还可以作为学校、社区、政府等相关部门决策的重要参考。同时评估结果还可以用于激励和约束相关责任主体，推动他们更好地履行职责和义务。

（四）确保评估过程的公正与透明

1. 建立独立评估机构

为了确保评估过程的公正性和客观性，需要建立独立的评估机构来负责评估工作的组织实施和监督管理。独立评估机构应具有专业性和权威性，能够独立完成评估任务并出具客观公正的评估报告。同时独立评估机构还应接受社会监督，确保其评估工作的透明度和公信力。

2. 公开评估信息

在评估过程中应充分公开评估信息，包括评估标准、评估方法、评估指标、评估结果等。通过公开评估信息可以让相关利益方了解评估工作的具体情况和进展情况，增强他们的信任感和参与度。同时公开评估信息还可以促进社会各界的监督和指导，推动评估工作的不断完善和提高。

3. 建立申诉与复议机制

为了确保评估结果的公正性和准确性，需要建立申诉与复议机制来保障相关利益方的合法权益。当相关利益方对评估结果存在异议时，可以向评估机构提出申诉或复议请求。

二、反馈机制完善

一个高效、灵敏的反馈机制不仅能够帮助教育者及时了解教学效果，还能为教学策略的调整与优化提供宝贵依据，从而确保教育质量的持续提升。

（一）建立快速有效的反馈渠道

1. 多元化反馈途径

为了确保反馈信息的全面性和及时性，应建立多元化的反馈渠道。这包括但不限于学生问卷调查、教师访谈、家长反馈、社区意见箱以及在线反馈平台等。每种渠道都有其独特的优势，能够覆盖不同的受众群体，收集到多样化的反馈意见。

2. 确保渠道畅通无阻

在建立反馈渠道的同时，必须确保这些渠道的畅通无阻。这意味着要定期检查和维护反馈系统，及时解决可能出现的技术问题或操作障碍。同时，还需建立明确的反馈流程和指南，引导师生、家长及社区成员正确、有效地使用这些渠道。

3. 增强反馈意愿与参与度

为了鼓励更多人积极参与反馈，可以采取一系列激励措施。例如，对提出建设性意见的个人或团体给予表彰或奖励；将反馈结果纳入教学评价体系，作为教师绩效考核的一部分；以及定期公布反馈成果，展示反馈意见对教学改进的实际效果等。

（二）对反馈信息进行及时整理与分析

1. 系统化收集与整理

收集到的反馈信息需要进行系统化的整理与分类。这包括将各种渠道的反馈意见汇总到统一的数据库中，按照不同的维度（如教学内容、教学方法、教学效果等）进行分类和标记。通过这一步骤，可以清晰地看到各个领域的反馈情况，为后续的分析工作打下基础。

2. 深入分析挖掘

在整理完反馈信息后，需要进行深入地分析与挖掘。这包括运用统计学方法对数据进行量化分析，揭示数据背后的规律和趋势。同时结合实质性研究方法，对典型案例进行深入剖析，了解反馈意见背后的原因和动机。通过这一过程，可以更加准确地把握教学中存在的问题和不足。

3. 形成反馈报告

将分析结果整理成清晰的反馈报告是反馈机制的重要环节。反馈报告应简明扼要地概括反馈意见的主要内容和结论，并提出具体的改进建议。同时，报告还应注重可读性和可操作性，确保教育者和决策者能够轻松理解并采纳其中的建议。

（三）根据反馈结果调整教学策略与内容

1. 针对性调整

根据反馈结果，教育者需要对教学策略和内容进行针对性地调整。例如，如果反馈意见指出教学内容过于枯燥或难以理解，可以考虑引入更多的实例或案例教学；如果反馈意见反映教学方法单一或缺乏互动性，可以尝试采用翻转课堂、小组讨论等新型教学模式。

2. 持续优化与创新

教学策略和内容的调整并非一蹴而就的过程，而是一个持续优化与创新的过程。教育者需要不断关注教学实践中的新情况、新问题和新需求，及时调整教学策略和内容以适应这些变化。同时，还应积极借鉴国内外先进的教学理念和方法，不断推动教学质量的提升。

3. 建立反馈循环

为了确保教学策略和内容的持续优化，需要建立一个闭环的反馈循环机制。这意味着在调整教学策略和内容后，还需要再次收集反馈信息以评估调整效果，然后根据新的反馈信息再次进行调整和优化。通过这一循环往复的过程，可以不断接近最佳的教学策略和内容组合。

（四）持续跟踪评估效果，确保教育质量提升

1. 建立长效评估机制

为了确保教育质量的持续提升，需要建立一个长效的评估机制。这包括定期对教学效果进行全面评估，以及不定期地进行专项评估或抽查。通过长效评估机制，可以及时发现并解决教学中存在的问题和不足，为教学质量的提升提供有力保障。

2. 关注个体与整体的平衡

在评估过程中，需要关注个体与整体的平衡。这意味着既要关注每个学生的学习进展和成长情况，又要关注整个班级或学校的教学质量。通过个体与整体的结合评估，可以更加全面地了解教学效果的实际情况。

3. 推动教育创新与改革

持续跟踪评估效果不仅是为了发现问题和不足，更是为了推动教育创新与改革。通过深入分析评估结果中的亮点和不足之处，可以探索新的教学理念和方法、开发新的教学资源和技术手段等。这些创新与改革将有助于提升教育质量、培养更多具有创新精神和实践能力的人才。

第七章　广西壮族传统体育文化
现代化发展趋向

广西壮族传统体育文化的现代化发展趋向是研究传统体育未来发展的重要方向。本章将探讨传统体育在竞技性、大众健身娱乐、国际竞技舞台以及产业化发展等方面的趋势。随着社会的发展和需求的变化，传统体育项目在竞技层面、娱乐层面和国际化等方面的变革，显现出多样化的发展趋势。本章旨在分析这些发展趋向如何影响传统体育项目的现代化进程，探讨如何在保持传统文化核心的同时，实现传统体育项目的创新和发展，推动其在现代社会中更好地发挥作用。

第一节　竞技性发展趋向

在全球化与现代化的浪潮中，广西壮族传统体育文化正经历着深刻的变革与转型，其中竞技性发展趋向尤为显著。

一、竞技规则与标准的现代化

（一）与国际接轨的竞技规则制定

广西壮族传统体育项目，如三人板鞋竞速、壮族狮舞、壮族壮拳、壮族抛绣球和竹竿舞等具有深厚的文化底蕴和独特的技艺特征。然而，要使这些传统体育项目在国际舞台上获得认可并有效推广，必须对其竞技规则和标准进行现代化调整，以便与国际标准接轨。

对于三人板鞋竞速，首先需要制定统一的比赛规则，包括赛道长度、起跑与终点线的设定、竞速过程中的规则限制等。这些规则需要参考国际赛场上的标准，同时结合传统体育项目的特点，确保规则的公平性和科学性。此外，安全标准的制定也是至关重要的，必须确保参赛者在比赛过程中能够获得充分的保护。

在壮族狮舞方面，现代化的竞技规则应包括舞蹈动作的标准化和评分标准的国际化。例如，可以制定统一的动作规范和评分细则，以便评审人员能够根据标准进行公正评判。同时，应制定清晰的安全规范，确保表演过程中舞者和观众的安全。

对于壮族壮拳，规则的现代化需要考虑技击动作的标准化、比赛时间的设定以及打击力度的限制。制定详细的技术动作规范和评分标准，可以确保比赛的公平性和竞技性。此外，还需引入国际认证的裁判员来提升比赛的公正性。

壮族抛绣球和竹竿舞的竞技规则现代化则涉及动作的精准度、比赛的时间限制和评分体系。对这些项目的规则进行国际化调整，可以通过借鉴其他传统体育项目的经验，制定合理的技术标准和评分办法，使其更符合国际竞技标准。

（二）裁判体系与执裁水平的提升

裁判体系的建设和执裁水平的提升是实现广西壮族传统体育项目现代化发展的关键环节。一个科学、公正的裁判体系可以有效提升比赛的公信力和竞技水平。

首先，针对三人板鞋竞速、壮族狮舞、壮族壮拳、壮族抛绣球和竹竿舞等项目，应建立完善的裁判员培训和认证体系。通过组织系统的培训课程，提升裁判员的专业素养和技能水平，确保他们能够准确、公正地执行比赛规定。在培训过程中，应包括理论知识和实际操作相结合的内容，帮助裁判员全面掌握各项技术要求和评分标准。

其次，应引入国际认证的裁判员，以提高裁判员队伍的整体水平。这不仅可以提升比赛的国际认可度，也能借鉴国际上先进的执裁经验和技术。例如，可以通过与国际体育组织的合作，引进国际裁判员进行执裁，并对本地裁判员进行培训和考核，提升他们的执裁水平。

最后，还需要建立科学的裁判评估机制，对裁判员的执裁表现进行定期评估。通过收集比赛反馈、分析裁判员的执裁数据等方式，评估其执裁质量，并根据评估结果进行调整和改进。定期的评估和反馈可以帮助裁判员不断提高自身的执裁水平，确保比赛的公平性和公正性。

（三）赛事组织的规范化与专业化

赛事组织的规范化与专业化是推动广西壮族传统体育项目现代化发展的重要因素。通过规范化的赛事组织，可以提升比赛的整体水平和观赏价值，吸引更多的观众和参与者。

对于三人板鞋竞速，赛事组织应包括赛道设计、报名系统、赛事宣传和现场管理等方面。赛道设计应考虑到竞速的安全性和公平性，确保赛道能够满足比赛的需求。报名系统应简化操作流程，方便参赛者进行报名，并进行有效的参赛人员管理。赛事宣传则通过多渠道宣传，提升赛事的知名度和影响力。现场管理包括赛事的秩序维护、现场医疗保障等，确保比赛顺利进行。

在壮族狮舞的赛事组织中，应制定详细的演出流程和评审标准。例如，演出流程包括彩排、正式演出和颁奖等环节，每个环节都应进行充分的准备和组织。评审标准则应参考国际舞台上的评分体系，确保评审过程的公平性和权威性。此外，还需组织相关的文化交流活动，丰富赛事的内容和形式。

壮族壮拳的赛事组织则应包括比赛规则的宣传、技术标准的培训和比赛的实施等方面。通过制定详细的规则和标准，确保比赛的专业性和公平性。技术标准的培训则通过培训班和研讨会，提升参赛者的技艺水平。比赛的实施则需包括赛程安排、现场管理和后勤保障等，确保比赛的顺利进行。

壮族抛绣球和竹竿舞的赛事组织应注重动作的展示和评分的准确性。例如，在抛绣球的比赛中，应制定统一的投球标准和评分标准，确保动作的精准度和观赏性。竹竿舞的赛事则应考虑到舞蹈的节奏和动作的协调性，制定相应的比赛规则和评分办法。

通过对广西壮族传统体育项目竞技规则与标准的现代化、裁判体系与执裁水平的提升、赛事组织的规范化与专业化的系统研究和实践，可以有效推动传统体育项目在国际舞台上的发展。

二、竞技项目创新与传承

（一）传统项目现代化改造

广西壮族传统体育项目，如三人板鞋竞速、壮族狮舞、壮族壮拳、壮族抛绣球和竹竿舞等，都具有丰富的历史背景和独特的技艺。然而，为了使这些传统项目在现代竞技环境中保持活力并吸引更多的观众，需要进行适当的现代化改造。现代化改造的目标是保留传统的精髓，同时引入现代元素以提升项目的观赏性和竞技性。

对于三人板鞋竞速，可以通过改进板鞋的设计和材质来提升竞速的安全性和舒适性。例如，引入轻质耐磨的合成材料，优化板鞋的结构设计，以提高运动员的运动表现和舒适感。在竞速场地的设置上，也可以借鉴现代运动场地的标准，设计出更符合竞赛需求的赛道，增加赛道的多样性和挑战性。

在壮族狮舞方面，现代化改造可以体现在道具和表演形式上。传统的狮头和狮身可以结合现代材料和技术进行升级，例如使用更轻便且耐用的材料制作狮头，以提高表演的灵活性和耐用性。同时，可以引入现代灯光、音响等技术设备，增加表演的视觉和听觉效果，使其更加吸引观众。

壮族壮拳的现代化改造可以通过规范动作技术、改进比赛规则和引入科学的训练方法来实现。标准化的动作技术和比赛规则可以提升比赛的公平性和观赏性，而引入科学的训练方法则可以提高运动员的竞技水平。例如，通过运动生理学和运动心理学的研究，为壮拳运动员制定个性化的训练计划和心理辅导，提高他们的竞技状态和表现。

壮族抛绣球和竹竿舞的现代化改造则可以从比赛设施和演出形式入手。例如，在抛绣球的比赛中，可以引入先进的计分系统和实时反馈技术，以提高比赛的准确性和观众的参与感。竹竿舞的现代化改造则可以通过改进舞台设置和表演编排，增强舞蹈的观赏性和互动性。

（二）新兴竞技项目的研发与推广

随着社会的发展和体育文化的演变，新兴竞技项目的研发与推广成为推动广西壮族传统体育文化现代化的重要途径。这些新兴项目不仅可以丰富传统体育的表现形式，还能吸引更多年轻人的关注和参与。例如，结合传统项目的元素，研发出具有创新性的现代竞技项目。像三人板鞋竞速可以发展成团体接力赛或障碍赛，增加比赛的趣味性和竞技性。壮族狮舞可以结合现代舞蹈元素，创作出融合传统与现代的舞蹈作品，拓宽其表现形式和受众范围。壮族壮拳可以引入武术对抗赛的规则，创造出新型的武术竞技项目，吸引更多武术爱好者的参与。

在新兴项目的推广方面，需要通过多种途径增加其知名度和影响力。可以利用社交媒体平台进行宣传，制作吸引人的宣传视频和推广内容，展示新兴项目的独特魅力和竞技特点。还可以通过组织相关的赛事和活动，如新兴项目的展示赛和体验活动，增加公众对这些项目的认知和参与度。

另外，建立新兴项目的培训体系和竞赛体系也是推广的重要环节。通过设立培训班和培训机构，培养新兴项目的专业人才，并组织定期的比赛和交流活动，提高项目的竞技水平和普及程度。与学校、社区和企业等合作，推广新兴项目，建立广泛的参与网络，促进项目的发展和推广。

（三）竞技与民族文化的深度融合

在广西壮族传统体育文化现代化发展的道路上，竞技与民族文化的深度融合不仅是其内在要求，也是推动其持续繁荣的关键所在。这种融合不仅丰富了竞技项目的文化内涵，提升了其民族特色，还促进了民族文化的传承与发展。

1. 文化认同的强化——竞技舞台上的民族身份展示

竞技与民族文化的深度融合，首先体现在对文化认同的强化上。在竞技赛场上，运动员不仅是技能的展示者，更是民族文化的传播者。他们通过参与具有民族特色的竞技项目，不仅展现了个人技艺，更在无形中传递了民族文化的精髓和魅力。这种文化认同的强化，不仅增强了运动员的民族自豪感和归属感，也加深了观众对民族文化的理解和认同。例如，在壮族传统体育项目"板鞋竞速"中，运动员们穿着特制的板鞋，以团队协作的方式快速奔跑，这一场景不仅展现了运动员的体能和技巧，更传递了壮族人民团结互助、勇往直前的民族精神。

2. 文化元素的融入——竞技项目中的民族符号与象征

竞技与民族文化的深度融合，还体现在文化元素的广泛融入上。在竞技项目的设计、规则制定、器材选择以及比赛形式等方面，都可以巧妙地融入民族文化的元素和符号。这些元素和符号不仅为竞技项目增添了独特的民族色彩，也使其更具观赏性和吸引力。例如，在壮族传统体育项目"投绣球"中，绣球作为比赛的核心器材，其制作材料、图案设计以及投掷方式都蕴含着丰富的民族文化内涵。通过将这些文化元素融入竞技项目中，不仅使项目本身更具特色，也促进了民族文化的传承与发展。

3. 文化价值的提升——竞技与民族文化的相互赋能

竞技与民族文化的深度融合，还体现在文化价值的提升上。一方面，竞技项目的现代化发展为其注入了新的活力和动力，使其更加符合现代社会的审美和需求。另一方面，民族文化的融入又赋予了竞技项目深厚的文化底蕴和民族特色，使其更具魅力和影响力。这种相互赋能的过程，不仅提升了竞技项目的文化价值，也促进了民族文化的传承与创新。例如，在壮族传统体育项目"抢花炮"的现代化改造中，通过引入现代体育的竞赛规则和训练方法，使项目更加规范化和科学化。同时，通过保留和强化项目中的民族文化元素，如花炮的象征意义、比赛中的仪式感等，使项目在保持民族特色的同时，也更具观赏性和吸引力。

4. 文化生态的构建——竞技与民族文化共生的新形态

竞技与民族文化的深度融合，最终将形成一种全新的文化生态。在这种文化生态中，竞技与民族文化相互依存、相互促进、共同发展。一方面，竞技项目为民族文化提供了展示和传播的平台，使其得以在现代社会中焕发新的生机和活力。另一方面，民族文化又为竞技项目提供了丰富的素材和灵感源泉，使其更具特色和魅力。这种共生共荣的文化生态，不仅有利于推动壮族传统体育文化的现代化发展，也有利于促进民族文化的传承与创新。为了实现这一目标，我们需要采取一系列措施来构建和完善这种文化生态。例如，加强竞技项目与民族文化的理论研究与实践探索；推动竞技项目与民族文化的跨界融合与创新发展；加强竞技项目与民族文化的国际交流与合作等。通过这些措施的实施，我们可以逐步构建起一个以竞技为载体、以民族文化为灵魂的文化生态体系，为壮族传统体育文化的现代化发展注入新的动力和活力。

三、竞技人才培养体系

青少年作为体育事业的未来和希望，其选拔与培养工作直接关系到壮族传统体育文化能否在现代社会中持续传承与发扬光大。因此，建立竞技人才培养体系尤为重要。

（一）青少年运动员选拔与培养

1. 选拔机制优化

青少年运动员的选拔是竞技人才培养的起点，其机制的优化直接关系到后续培养工作的质量和效率。在选拔过程中，应注重多元化渠道的拓展，包括学校推荐、社区选拔、专业训练营招募等，以确保广泛覆盖有潜力的青少年群体。同时，建立标准化的评估体系，对运动员的身体素质、技术基础、心理素质及文化素养进行全面考查，确保选拔出既具备天赋又具有发展潜力的优秀苗子。

在评估标准上，应充分考虑壮族传统体育项目的特点，如协调性、灵活性、耐力等身体素质要求，以及技术动作的规范性和准确性。此外，还应关注运动员的心理素质，包括抗压能力、团队合作精神及自我驱动力等，这些都将对运动员的长期发展产生重要影响。

2. 培养模式创新

针对青少年运动员的培养，应创新培养模式，将传统训练方法与现代科技手段相结合，以提升培养效果。首先，继承和发扬壮族传统体育项目的传统训练方法，如师傅带徒弟、口传心授等，这些传统方法蕴含着丰富的经验和智慧，对于培养运动员的技艺和文化认同感具有重要作用。再者，积极引入现代科技手段，如运动生理学、生物力学、大数据分析等，为运动员提供科学、精准的训练指导。

在培养过程中，还应注重运动员的全面发展，不仅关注其技术水平的提升，还应重视其文化素养、心理素质及社会适应能力的培养。通过组织丰富多彩的文化活动、心理辅导及社会实践等，为运动员提供全面的成长支持。

3. 训练体系构建

构建科学、系统的训练体系是提升青少年运动员竞技水平的关键。在训练体系的设计上，应注重系统性与个性化的并重。系统性要求训练内容全面、连贯、有序，涵盖身体素质、技术技能、战术意识及心理素质等多个方面；个性化则要求根据运动员的个体差异和特长制订个性化的训练计划，以充分发挥其潜力。

在训练过程中，应实施分阶段、分层次的教学计划，确保运动员在不同阶段都能得到与其相适应的训练。同时，注重训练方法与手段的多样化，包括模拟比赛、实战演练、心理训练等，以提升运动员的竞技能力和适应能力。

另外，还应建立科学的训练监控和反馈机制，定期对运动员的身体状况、技术表现及心理状态进行评估和反馈，以便及时调整训练计划和方法。

4. 保障措施完善

完善的保障措施是确保青少年运动员选拔与培养工作顺利进行的重要保障。在政策层面，应出台一系列扶持政策，如设立专项基金、提供奖学金、优化升学政策等，以吸引更多青少年投身到壮族传统体育项目中来。同时，加强与政府、企业及社会各界的合作与交流，争取更多的资源和支持。

在资源保障方面，应加大对训练设施、器材装备及科研服务的投入力度，确保运动员在训练中能够得到充分的支持和保障。另外，还应加强教练员队伍的建设和管理，提升教练员的业务水平和职业素养，为运动员提供优质的指导和服务。

（二）教练员队伍的专业化建设

一支高素质、专业化的教练员队伍，不仅能够为运动员提供科学、系统的训练指导，还能在传承民族体育文化、创新训练方法等方面发挥重要作用。

1. 出台相关政策，构建激励机制

政府及相关部门应出台一系列政策措施，为教练员队伍的专业化建设提供有力支持。这包括制定和完善教练员选拔、任用、考核及激励机制，明确教练员的职责、权益及职业发展路径，为教练员队伍的稳定发展提供保障。同时，建立科学合理的薪酬体系和奖励机制，对在训练、比赛及文化传承等方面做出突出贡献的教练员给予表彰和奖励，激发其工作积极性和创造力。

此外，还应加大对教练员队伍的资金投入，支持其参加各类培训、研讨及交流活动，拓宽视野、更新知识、提升能力。通过政策引导和资金扶持，为教练员队伍的专业化建设营造良好的外部环境。

2. 构建培训体系，提升教练员专业素养

构建完善的培训体系是提升教练员专业素养的重要途径。这包括建立多层次、多形式的培训体系，涵盖理论知识、实践技能、科研能力及文化素养等多个方面。在培训内容上，应紧密结合壮族传统体育项目的特点和要求，注重传承与创新相结合，既传授传统训练方法和技术要领，又引入现代科技手段和训练方法，提升教练员的综合素质和创新能力。

在培训方式上，应采取灵活多样的形式，如集中培训、现场观摩、远程教学等，以满足不同教练员的学习需求。同时，加强培训师资队伍建设，邀请国内外知名专家、学者及优秀教练员授课指导，提升培训质量和效果。

3. 提升专业素养，强化实践与科研能力

教练员的专业素养直接关系到运动员的训练效果和竞技水平。因此，提升教练员的专业素养是专业化建设的核心任务。这要求教练员不仅要具备扎实的专业知识和技能，还要具备丰富的实践经验和科研能力。

在实践中，教练员应深入运动队一线，与运动员紧密配合，了解运动员的身体状况、技术特点及心理状态，制订个性化的训练计划。同时，注重总结和反思训练过程中的经验教训，不断优化训练方法和手段。在科研方面，教练员应积极参与科研项目研究，探索新的训练方法和技术手段，为壮族传统体育项目的现代化发展贡献力量。

4. 加强国际交流与合作，拓宽教练员视野

加强国际交流与合作是提升教练员队伍专业化水平的重要途径。通过与国际同行的交流与合作，教练员可以了解国际体育发展的新趋势、新动向和新技术，借鉴先进的训练方法和管理经验，提升自身专业素养和创新能力。

在国际交流与合作中，可以采取多种形式，如举办国际研讨会、邀请外籍专家讲学、选派教练员出国深造等。通过这些活动，教练员可以拓宽视野、增长见识、提升能力，为壮族传统体育项目的国际化发展奠定基础。同时，也可以通过国际比赛和交流活动，展示壮族传统体育文化的独特魅力和风采，提升其在国际体育领域的影响力和地位。

（三）科研与训练相结合的机制建立

科研与训练相结合的机制旨在通过科学研究为训练提供理论支撑和技术指导，同时训练实践又反哺科研，促进科研成果的转化与应用。

1. 科研导向的训练设计

科研导向的训练设计是科研与训练相结合机制的基础。在这一阶段，科研团队需深入了解壮族传统体育项目的特点、规律及发展趋势，结合国内外先进的训练理念和方法，为训练团队提供科学的训练设计方案。这包括制订个性化的训练计划、优化训练内容与方法、预测训练效果及潜在风险等。通过科研的介入，训练设计将更加科学、系统、高效，有助于运动员在有限的时间内达到最佳竞技状态。

为了实现科研导向的训练设计，需要建立跨学科的研究团队，包括运动生理学、运动生物力学、运动心理学、运动营养学等领域的专家，共同为训练提供全方位的理论支持。同时，训练团队也应积极参与科研过程，反馈训练中的实际问题与需求，促进科研与训练的紧密结合。

2. 训练数据的科研分析

训练数据的科研分析是科研与训练相结合机制的重要环节。在训练过程中，会产生大量的数据，如运动员的身体指标、技术动作参数、训练负荷等。这些数据是评估训练效果、调整训练计划的重要依据。科研团队需运用先进的数据分析技术和方法，对训练数据进行深入挖掘和分析，揭示训练过程中的内在规律和潜在问题。

通过训练数据的科研分析，可以及时发现运动员的薄弱环节和潜在风险，为训练团队提供针对性的改进建议。同时，科研分析还可以为训练计划的优化提供数据支持，使训练更加精准、高效。为了实现训练数据的科研分析，需要建立完善的数据采集、存储、处理和分析系统，确保数据的准确性和可靠性。

3. 科研团队与训练团队的深度融合

科研团队与训练团队的深度融合是科研与训练相结合机制的关键。在这一阶段，科研团队与训练团队需建立紧密的合作关系，共同参与到训练的全过程中。科研团队需深入了解训练团队的实际情况和需求，为训练提供切实可行的科研支持；训练团队则需积极反馈训练中的问题和经验，为科研提供丰富的实践素材。

为了实现科研团队与训练团队的深度融合，可以建立定期的沟通交流机制，如召开联席会议、组织专题研讨等。同时，可以鼓励科研人员和教练员之间的互访和交流，促进双方的理解和信任。还可以建立联合攻关机制，针对训练中的重大问题和难点问题，组织科研团队和训练团队共同开展研究，形成合力攻克难关。

4. 科研与训练成果的双向转化

科研与训练成果的双向转化是科研与训练相结合机制的最终目标。在这一阶段，科研成果需及时转化为训练实践中的新技术、新方法和新手段。同时训练实践中的成功经验和失败教训也需反馈给科研团队，为科研提供新的研究方向和思路。

为了实现科研与训练成果的双向转化，需要建立完善的成果转化机制。首先，科研团队需积极推广和应用科研成果，为训练团队提供技术支持和服务。其次，训练团队也需及时总结和分享训练经验，为科研团队提供实践素材和案例。最后，还可以建立科研成果评估体系，对科研成果的转化效果进行评估和反馈，以不断优化和完善科研与训练相结合的机制。

第二节　大众健身娱乐发展趋向

随着社会的快速发展和人民生活水平的不断提高，大众健身娱乐已成为现代社会的重要组成部分。在广西壮族传统体育文化现代化发展的过程中，大众健身娱乐的普及与推广不仅有助于提升民众的身体素质，还能促进民族传统体育文化的传承与创新。

一、全民健身活动的普及

（一）社区健身设施的完善

社区健身设施的完善是推广广西壮族传统体育项目、大众健身和娱乐活动的基础。通过建设和完善社区健身设施，可以为居民提供便利的运动场所，激发他们参与健身活动的积极性，同时提升传统体育项目的普及度和影响力。

第一，社区应建设多功能的健身场地，以满足不同人群的需求。针对壮族传统体育项目，像三人板鞋竞速和竹竿舞，可以设计专用的活动场地。例如，为三人板鞋竞速提供平整且具备一定长度的场地，并设立安全保障设施；为竹竿舞设置宽敞的舞蹈空间，确保舞者能够自由发挥。同时，设施应具备一定的安全标准，如地面防滑、设备稳定性等，保障居民在运动过程中的安全。

第二，社区健身设施的建设应注重设施的多样性和可持续性。除了传统的运动场地，还可以设置健身器材区、瑜伽区和多功能运动室等，提供多种运动选择。这些设施的配置应结合当地居民的运动习惯和健身需求，做到因地制宜。例如，可以设置具有壮族文化特色的装饰或标识，使社区健身设施更具文化氛围和吸引力。

第三，应定期对社区健身设施进行维护和升级，确保其处于良好的使用状态。社区可以建立专门的管理机构，负责设施的日常维护、设备的检查和更新。通过定期的维护和改进，可以延长设施的使用寿命，提高居民的使用体验感。

（二）民族传统健身项目推广

民族传统健身项目的推广是促进广西壮族传统体育大众健身和娱乐的重要途径。这些项目不仅具有健身的功能，还能传承和弘扬民族文化。推广的关键在于如何将传统项目与现代健身需求相结合，激发公众的参与兴趣。推广民族传统健身项目可以从多方面入手。

首先，可以通过组织社区健身活动、赛事和展示会等形式，提升传统项目的知名度。例如，举办三人板鞋竞速和竹竿舞的社区赛，邀请居民参与和观摩，展示传统体育项目的魅力。通过设置奖项和奖励，激励居民积极参与，并增强对传统健身项目的认同感。

其次，推广民族传统健身项目需要加强宣传和教育。可以通过社区宣传栏、地方媒体、社交平台等渠道，广泛宣传传统健身项目的健康益处和文化价值。组织讲座、培训班和体验活动，向居民普及传统健身项目的知识和技巧，提高他们对健身项目的了解和兴趣。邀请传统体育专家和健身教练进行现场指导，帮助居民掌握正确的运动方法和技巧。

最后，可以与学校、企事业单位和社会组织合作，开展民族传统健身项目的推广活动。例如，在学校开设传统体育课程，将民族健身项目纳入课程体系中，让学生从小接触和学习传统健身项目。企业和社会组织可以支持和赞助传统体育活动，提供资金和资源，推动项目的普及和发展。

（三）健身指导与咨询服务

健身指导与咨询服务是推动广西壮族传统体育和大众健身活动有效开展的重要保障。专业的健身指导和咨询服务不仅能提高居民的运动水平，还能增强他们对传统健身项目的兴趣和参与度。

1. 健身指导体系的建立

建立科学、系统的健身指导体系，是确保大众健身活动有效开展的关键。该体系应涵盖健身知识的普及、运动处方的制定、运动技能的教学以及运动效果的评估等多个环节。

（1）健身知识普及。通过举办讲座、培训班、发放宣传资料等多种形式，普及健身基础知识，包括运动生理学、运动营养学、运动心理学等方面的内容。特别是针对广西壮族传统体育项目的特点，讲解其健身功效、动作要领及注意事项，提高民众对民族传统体育文化的认识与兴趣。

（2）运动处方制定。根据不同人群的年龄、性别、体质、健康状况及健身目标等因素，制定个性化的运动处方。运动处方应明确运动类型、运动强度、运动时间、运动频率等具体参数，确保健身活动的科学性和有效性。同时，结合民族传统体育项目的特点，设计具有民族特色的运动处方，促进民族传统体育文化的传承与创新。

（3）运动技能教学。组织专业教练团队，对民众进行运动技能的教学与培训。教学内容应涵盖民族传统体育项目的基本动作、技巧要领、训练方法等方面。通过示范教学、分组练习、纠正错误等多种方式，提高民众的运动技能水平，确保健身活动的规范性和安全性。

（4）运动效果评估。建立科学的运动效果评估体系，对民众参与健身活动的效果进行定期评估。评估内容应包括身体形态、身体机能、身体素质等多个方面。通过评估结果，及时调整运动处方和教学计划，确保健身活动的针对性和实效性。

2. 咨询服务模式的创新

随着社会的进步和科技的发展，传统的咨询服务模式已难以满足民众日益增长的健身需求。因此，创新咨询服务模式，提高咨询服务的便捷性和有效性，成为当前的重要任务。

（1）线上线下融合。充分利用互联网和移动互联网技术，建立线上线下相结合的咨询服务平台。线上平台提供健身知识查询、运动处方制定、在线课程学习等功能；线下平台则提供面对面咨询、实地教学、体验活动等服务。通过线上线下融合，实现咨询服务的全天候、全方位覆盖。

（2）个性化咨询服务。针对不同人群的需求和特点，提供个性化的咨询服务。例如，针对老年人群体，提供适合其身体状况和兴趣爱好的运动项目推荐和指导；针对青少年群体，则注重培养其运动兴趣和习惯，引导其积极参与民族传统体育项目等。通过个性化咨询服务，提高民众对健身活动的满意度和参与度。

（3）社区化咨询服务。将咨询服务与社区建设相结合，建立以社区为基础的咨询服务网络。在社区内设立咨询服务点或咨询热线，方便居民随时随地获取健身咨询和指导服务。同时，通过社区活动等形式，加强居民之间的互动和交流，营造良好的健身氛围和文化环境。

二、健身娱乐产业的多元化发展

在现代化发展中，广西壮族传统体育文化的传承与发展不仅体现在健身活动的普及与指导上，更在于健身娱乐产业的多元化拓展。这一趋势不仅丰富了民众的健身娱乐选择，也促进了地方经济的繁荣与民族文化的传播。

（一）健身俱乐部与会所的兴起

随着人们健康意识的增强和消费水平的提升，健身俱乐部与会所作为提供专业健身服务和高端休闲体验的场所，在广西地区迅速兴起。这些机构不仅配备了先进的健身设备和专业的教练团队，还融入了广西壮族传统体育文化元素，形成了独具特色的健身氛围。

1. 专业服务

健身俱乐部与会所注重提供专业化、个性化的服务。通过会员制度，为不同需求的客户提供定制化的健身计划和营养指导。同时，引入国际先进的健身理念和技术，如功能性训练、高强度间歇训练等，提升会员的健身体验和效果。另外，还设有专门的康复理疗区，为运动损伤者提供科学的恢复方案。

2. 文化融合

在保持现代健身设施和服务标准的同时，健身俱乐部与会所积极融入广西壮族传统体育文化元素。例如，在课程中引入壮族传统武术、舞蹈等健身项目，让会员在锻炼的同时感受民族文化的魅力。同时，通过举办民族文化节、传统体育赛事等活动，增强会员对民族文化的认同感和归属感。

3. 社交功能

健身俱乐部与会所还承担着社交平台的角色。通过组织团体课程、会员聚会等活动，促进会员之间的交流与互动。这种社交功能不仅有助于会员建立健康的生活方式，还能扩大其社交圈子，提高生活品质。

（二）线上线下相结合的健身平台

随着互联网技术的飞速发展，线上线下相结合的健身平台成为健身娱乐产业的新趋势。这类平台通过整合线上线下资源，为用户提供更加便捷、高效的健身服务。

1. 在线课程与直播

线上健身平台提供丰富的在线课程和直播服务。用户可以根据自己的时间和需求选择合适的课程进行学习。这些课程涵盖力量训练、有氧运动、瑜伽、舞蹈等多个项目，并融入广西壮族传统体育文化元素。通过高清视频和实时互动功能，用户可以在家中就能享受到专业的健身指导。

2. 智能健身设备

线上线下相结合的健身平台还推出了智能健身设备。这些设备通过连接互联网和智能手机等终端设备，实现数据的实时监测和传输。用户可以通过手机 APP 查看自己的运动数据、制订个性化的健身计划，并与其他用户进行分享和交流。智能健身设备的出现不仅提高了健身的便捷性和趣味性，还促进了健身数据的科学管理和分析。

3. 社区互动与分享

线上健身平台还建立了社区互动与分享机制。用户可以在平台上发布自己的健身成果、心得体验和疑问求助等信息，与其他用户进行交流和互动。这种社区氛围有助于激发用户的健身热情和动力，促进健身文化的传播和发展。

（三）健身旅游与休闲活动的开发

健身旅游与休闲活动作为健身娱乐产业的新兴领域，正逐渐成为人们追求健康生活方式的新选择。广西地区凭借其独特的自然风光和丰富的民族文化资源，在健身旅游与休闲活动的开发方面具有得天独厚的优势。

1. 自然风光与户外运动

广西拥有得天独厚的自然风光资源，如桂林山水、龙胜梯田、北海银滩等。这些自然景观为户外运动提供了绝佳的场所。通过开发徒步、骑行、攀岩、漂流等户外运动项目，结合当地的文化特色和民俗风情，打造独具特色的健身旅游线路。游客在享受自然风光的同时，也能体验到运动的乐趣和文化的魅力。

2. 民族文化体验与健身活动

广西是壮族等少数民族的聚居地，拥有丰富的民族文化资源。通过开发民族文化体验与健身活动相结合的旅游产品，如壮族传统武术体验、民族舞蹈学习、民族节庆活动等，让游客在参与健身活动的同时深入了解当地的文化传统和民俗风情。这种旅游方式不仅丰富了游客的旅行体验，还促进了民族文化的传承与发展。

3. 休闲度假与康体养生

随着人们生活水平的提高和健康意识的增强，休闲度假与康体养生成为越来越多人的选择。广西凭借其优美的自然环境和丰富的养生资源，在休闲度假与康体养生方面也具有很大的发展潜力。通过开发温泉疗养、森林浴、中医养生等康体养生项目，结合当地的特色美食和住宿设施，打造高品质的休闲度假体验。这种旅游方式不仅有助于游客放松身心、恢复体力，还能促进当地经济的发展和文化的传播。

三、健身文化的培育与传播

健身文化的培育与传播不仅关乎民众健康意识的提升，更涉及民族文化的传承与创新。

（一）加强健身知识的普及教育

1. 教育体系融入

将健身知识纳入学校教育体系，是普及健身知识的重要途径。从小学到大学，各级学校应开设体育课程，并融入广西壮族传统体育项目，如抛绣球、板鞋竞速等，使学生在学习基本运动技能的同时，了解并热爱民族传统体育文化。学校还可开设健身知识讲座、工作坊等，邀请专业教练和学者为学生讲解健身原理、运动损伤预防等知识，提升学生的健康素养。

2. 社区教育推广

社区作为民众生活的重要场所，也是健身知识普及的重要阵地。通过设立社区健身中心、举办健身知识讲座和培训班，向居民传授科学的健身方法和技巧。同时，利用社区公告栏、微信群等渠道，定期发布健身资讯和健康小贴士，增强居民的健身意识和参与度。

3. 媒体宣传引导

媒体在健身知识普及中发挥着重要作用。通过电视、广播、报纸、网络等媒体平台，制作并播出健身节目、专栏和广告，向公众传播健身知识、推广健康生活方式。特别是利用新媒体的互动性和即时性特点，开展线上健身挑战赛、直播教学等活动，吸引更多人关注和参与健身活动。

（二）健康生活方式的倡导

1. 政策引导与支持

政府应出台相关政策，鼓励和支持健康生活方式的推广。例如，制订全民健身计划、加大公共体育设施建设投入、提高体育健身服务供给等。同时，通过税收优惠、补贴奖励等措施，激励企业和个人参与健身活动，形成全社会共同关注和支持健康生活的良好氛围。

2. 社会氛围营造

营造积极向上的社会氛围是倡导健康生活方式的关键。通过举办各类体育赛事、健身活动和文化节庆等，激发民众的参与热情和运动兴趣。同时，加强媒体宣传报道，树立健康生活的典型人物和事迹，引导公众树立正确的健康观念和生活方式。

3. 个人行为改变

倡导健康生活方式最终需要落实到个人行为上。通过教育和引导，帮助民众树立健康第一的理念，自觉养成良好的生活习惯和锻炼习惯。鼓励民众根据个人体质和兴趣选择适合的健身项目和方法，坚持长期锻炼，实现身心健康全面发展。

（三）民族健身文化的国际交流

1. 国际赛事参与

积极参与国际体育赛事是展示和传播民族健身文化的重要平台。通过组织或参加国际性的民族传统体育比赛、文化节庆等活动，展示广西壮族传统体育的独特魅力和文化内涵。同时，与各国运动员和观众进行交流和互动，增进相互了解和友谊，提升民族健身文化的国际影响力。

2. 文化交流项目

开展文化交流项目是传播民族健身文化的有效途径。通过举办文化展览、演出、讲座等活动，向国际社会介绍广西壮族传统体育的历史渊源、发展现状和独特价值。同时，邀请国外专家和学者来访交流，共同探讨民族传统体育文化的传承与创新问题，促进国际的文化交流与合作。

3. 数字化传播手段

利用数字化传播手段是扩大民族健身文化国际影响力的新途径。通过建设民族健身文化数字资源库、开发在线学习平台等方式，将广西壮族传统体育的相关资料、教学视频等内容进行数字化处理并上传至网络平台。这样不仅可以方便国内外用户随时随地进行学习和了解，还可以通过社交媒体等渠道进行广泛传播和分享，提高民族健身文化的知名度和影响力。

第三节　国际竞技舞台发展趋向

一、民族体育项目的国际化推广

（一）民族体育项目国际化推广的必要性

目前占据优势的现代竞技体育文化确实具有我们应该吸收与融合的因素，我们应当对各民族传统体育进行改造，但这并不会导致民族文化核心价值的改变。中国少数民族传统体育要发展、要走向世界，首先必须让大众喜欢，特别是要受到年轻人的喜欢。因此，少数民族传统体育并不是固定的，一成不变的，而要充分地融合时代因素，赋予新的内涵和现代人文精神。在体育全球化浪潮中，我们只有充分利用世界体育文化资源，同时弘扬民族传统文化中合理的成分，有益地补充现代人类生活的因素，才能在提高国际竞争力的同时，又可避免我们宝贵的民族传统文化的流失与消亡。壮族传统体育既有民族性、地域性特点，也有竞技性、娱乐性、健身性特点，要可持续发展，就要向大众普及，让大众能以接受，要向国际发展，让世界各国人民接受。那么这时的民族性将随之减弱并淡化，地域性让位于世界性，低层次性变为高层次性。现代国际流行的许多竞技体育项目最先是某一个民族在自己所生存的小范围内开展，然后发展走向世界，也促进了奥林匹克运动的发展。中华民族传统体育国际化发展也是如此。

（二）民族体育项目的创新与展示

1. 传统项目的现代化改造

为了使广西壮族传统体育项目在国际上获得认可并吸引更多的观众和参与者，现代化改造是至关重要的。这不仅能够提升项目的竞技性和观赏性，还能帮助其更好地融入国际体育文化的体系。

一方面，技术与规则的创新是传统项目现代化的重要环节。比如，对于三人板鞋竞速，可以引入现代科技手段改进板鞋的设计和材料，提升运动员的舒适度和安全性。改进竞速规则，例如设立更多的障碍和变换的赛道，增加比赛的难度和趣味性。类似的，在壮族壮拳中，引入现代武术训练和评判标准，制定更为科学的动作规范和比赛规则，以提高比赛的公平性和观赏性。

另一方面，设施与环境的改造也是现代化的重要组成部分。例如，为了更好地展示壮族狮舞，可以设计专用的表演场地，配备现代化的灯光和音响系统，使表演更具视觉和听觉冲击力。同时，在竹竿舞的场地设置上，可以借鉴现代舞台设计的理念，提供更为宽敞和安全的表演空间，提升舞蹈的表现力和观赏价值。

2. 文化展览与技艺表演

在国际化推广广西传统民族体育项目时，文化展览与技艺表演是传播和展示传统体育文化的关键途径。通过展览和表演，可以让国际观众更直观地了解和体验广西壮族传统体育的魅力。

第一，文化展览可以通过多种形式展现广西壮族传统体育的历史、技艺和文化背景。在国际展览会、文化节和体育博览会上设置专题展区，展示传统体育项目的起源、发展和技艺特点。通过展板、实物、图片和视频等多种媒介，介绍每个项目的文化内涵和技术要求。特别是在展览中加入互动体验区，例如设置模拟的三人板鞋竞速体验、壮族狮舞的虚拟现实体验等，可以让观众更深刻地感受传统体育项目的魅力。

第二，技艺表演是展示传统体育项目精髓的有效方式。通过组织国际赛事、文化交流活动和国际表演团体巡演，将传统体育项目带到国际舞台上。表演中，可以结合传统技艺和现代艺术形式，例如在壮族狮舞表演中，融入现代舞蹈元素和灯光效果，增强表演的视觉冲击力和观赏性。同时，邀请国际专家和观众参与评审和互动，提升表演的国际化水平和影响力。

第三，专业培训和交流也是推广传统体育项目的重要手段。通过设立国际培训班和交流会，邀请国际体育专家和爱好者深入了解广西壮族传统体育项目的技术和文化。培训内容可以包括传统技艺的教授、现代化改造的介绍和国际化推广的策略等。这种交流不仅可以提升传统体育项目的国际知名度，还能促进国际的文化交流与合作。

通过对广西壮族传统体育项目的现代化改造和国际化展示，可以有效提升这些传统项目的国际影响力，吸引更多国际观众和参与者。同时，这种国际化推广也有助于传统体育文化的保护和传承，实现传统与现代、地方与国际的有机融合。

（三）民族体育品牌的国际塑造

1. 打造特色品牌赛事

（1）"潮动三月三·民族体育炫"等活动的国际化推广。"潮动三月三·民族体育炫"作为广西民族体育的标志性活动，自创办以来便以其独特的民族风情和丰富的体育项目吸引了众多国内外游客和运动员的关注。为了进一步提升该活动的国际影响力，广西采取了一系列国际化推广策略。首先，加强与国外体育组织、旅游机构的合作，邀请国际友城代表团、外国运动员及游客参与活动，通过亲身体验加深对广西民族体育文化的了解和认同。其次，优化活动内容和形式，结合国际流行元素，创新比赛项目，如增设国际友谊赛、跨国挑战赛等，提高活动的观赏性和互动性。最后，通过举办国际论坛、研讨会等活动，邀请国内外专家学者共同探讨民族体育的国际化发展路径，为活动注入更多的国际元素和学术价值。

（2）提升赛事的国际知名度和影响力。为了提升广西民族体育赛事的国际知名度和影响力，广西注重赛事品牌的塑造和推广。一方面，加大赛事宣传力度，利用多种媒体渠道进行广泛宣传，特别是针对国际受众进行精准投放，提高赛事在海外市场的曝光率。另一方面，加强与国际体育组织的合作与交流，积极争取国际赛事的举办权或参与权，将广西民族体育赛事纳入国际体育赛事，提升赛事的规格和水平。同时，注重赛事服务质量的提升，为参赛选手和观众提供优质的住宿、餐饮、交通等配套服务，营造良好的赛事氛围和口碑。通过这些措施的实施，广西民族体育赛事的国际知名度和影响力将不断提升，为广西民族体育的国际化发展奠定了坚实的基础。

2. 扩大国际传播渠道

（1）利用央媒、人民网等主流媒体平台进行宣传。在全球化背景下，主流媒体平台对于信息传播具有举足轻重的作用。为了扩大广西民族体育的国际传播范围，广西积极利用央媒、人民网等主流媒体平台进行宣传报道。这些主流媒体平台拥有广泛的受众基础和强大的传播能力，能够迅速将广西民族体育的信息传递给国内外观众。广西通过精心策划和组织宣传内容，突出广西民族体育的独特魅力和文化内涵，吸引国内外媒体的关注和报道。同时，加强与主流媒体平台的合作与交流，建立长期稳定的合作关系，为广西民族体育的国际化传播提供有力支持。

（2）社交媒体与国际体育组织合作，拓宽传播范围。随着社交媒体的兴起和发展，其已成为信息传播的重要渠道之一。为了拓宽广西民族体育的国际传播范围，广西应充分利用社交媒体平台进行宣传推广。通过开设官方账号、发布精彩瞬间、互动问答等方式，与国内外网友建立紧密联系，提高广西民族体育的知名度和美誉度。广西还应积极与国际体育组织建立合作关系，利用其在国际体育界的影响力和资源优势，共同推广广西民族体育项目。通过参与国际体育组织的活动、赛事和论坛等，展示广西民族体育的独特魅力和发展成果，吸引更多国际友人和运动员的关注和参与。这些措施的实施不仅拓宽了广西民族体育的国际传播范围，也为其国际化发展注入了新的动力。

二、壮族传统体育为奥林匹克运动提供丰富内容

（一）壮族传统体育的国际化传播：搭建文化交流的桥梁

在全球化日益加深的今天，壮族传统体育以其独特的魅力和深厚的文化底蕴，正逐步走向世界舞台。通过国际体育赛事、文化交流节以及教育机构的推广，壮族的传统体育项目如抛绣球、板鞋竞速、打陀螺等，不仅在国内深受喜爱，也逐渐在国际上赢得了广泛的关注和参与。这些活动不仅展示了壮族人民的智慧与勇气，更促进了不同国家和地区之间的文化理解和尊重，搭建起了一座座文化交流与合作的桥梁。随着壮族传统体育在国际上的影响力不断扩大，它正成为推动奥林匹克运动多元化发展的重要力量之一。

（二）壮族体育精神对奥林匹克精神的丰富与补充

壮族传统体育所蕴含的精神内涵，与奥林匹克运动所倡导的"更高、更快、更强——更团结"的口号不谋而合。壮族人民在长期的劳动与生活实践中，形成了坚韧不拔、团结协作、勇于挑战自我的体育精神。这种精神在壮族传统体育项目中得到了充分的体现，如板鞋竞速中的默契配合、抛绣球中的精准控制等，都展现了运动员之间的高度协作与对技能的极致追求。这种精神与奥林匹克精神相互辉映，为奥林匹克运动注入了新的活力与内涵，丰富了其精神层面的价值体系，同时也为世界体育文化的多样性作出了重要贡献。

（三）壮族传统体育的现代化转型与奥林匹克运动的融合发展

奥林匹克其中的一个内在宗旨就是奥林匹克文化要达到多样化，从而推动民族传统体育文化与现代奥林匹克文化之间的相互融合。奥林匹克运动在全球化的过程中应实现各个文化间的互补，这才有利于奥林匹克运动跨越国度、民族和文化，成为世界性文化体系。要保证奥林匹克运动实现长足发展，就必须按照文化多样性的

原则，让东西方文化产生更多地交流，同时兼容各种文化形态。

面对时代的变迁和全球化的挑战，壮族传统体育并没有故步自封，而是积极寻求与现代体育的融合与发展。通过引入现代训练理念、科技手段以及竞赛规则的创新，壮族传统体育项目在保持其民族特色的同时，不断提升其竞技水平和观赏性，使其更加符合国际体育赛事的标准和要求。这种现代化转型不仅为壮族传统体育赢得了更广阔的发展空间，也为奥林匹克运动带来了新的元素和亮点。通过参与国际赛事，壮族传统体育项目与奥林匹克运动实现了相互借鉴、共同发展的良好局面，为推动全球体育事业的进步贡献了力量。

第四节　民族传统体育产业化发展趋向

一、产业链条的构建与完善

（一）上游：资源开发与产品设计

在民族传统体育产业化发展中，上游环节的资源开发与产品设计是整个产业链条的基石，直接关系到后续环节的顺利进行与产品的市场竞争力。

1. 深度挖掘与整理传统体育文化资源

广西壮族传统体育文化资源丰富多样，涵盖了竞技、健身、娱乐等多个领域，具有深厚的历史底蕴和独特的民族特色。在资源开发阶段，首要任务是进行全面深入的田野调查，系统梳理壮族传统体育项目的起源、发展、传承现状及其所蕴含的文化内涵。例如，三人板鞋竞速作为壮族的传统竞技项目，其起源可追溯至古代农耕社会的协作劳动，不仅体现了壮族人民的团结协作精神，还融入了丰富的民间故事和祭祀仪式。通过访谈传承人、查阅历史文献、分析实物资料等多种方式，可以全面揭示这些项目的文化价值和社会功能，为后续的产品设计提供丰富的素材和灵感。

2. 创新性转化与产品设计

在资源开发的基础上，产品设计环节需注重创新性转化，即将传统体育文化元素与现代设计理念相结合，创造出既符合市场需求又具有民族特色的产品。这要求设计师具备深厚的文化底蕴和敏锐的市场洞察力，能够准确把握消费者的心理和需求变化。在产品设计过程中，可以借鉴现代科技手段，像3D打印、VR、AR等技术，为传统体育项目注入新的活力。例如，针对抛绣球项目，可以设计一款结合VR技术的互动游戏，让玩家在虚拟环境中体验抛绣球的乐趣，同时融入壮族传统文化元素和故事情节，提升游戏的趣味性和文化内涵。另外，还可以开发一系列以传统体育项目为主题的文创产品，如体育用品、服饰、纪念品等，满足消费者的多元化需求。

3. 知识产权保护与文化传承

在资源开发与产品设计过程中，知识产权保护是不可忽视的重要环节。传统体育文化作为非物质文化遗产的重要组成部分，其独特性和创新性应得到法律的有效保护。因此，在产品开发初期，就应重视知识产权的注册与申请工作，确保产品的独特性和创新性得到法律认可。同时，通过知识产权保护制度的建立和实施，可以激励更多的企业和个人投身于民族传统体育文化的传承与创新之中，推动民族传统体育产业的健康发展。另外，在产品设计过程中还应注重文化传承的问题。民族传统体育文化的传承不仅是对历史文化的尊重和继承，更是对民族文化自信和民族认同感的强化。因此，在产品设计过程中应充分融入民族传统文化的精髓和特色元素，让产品成为传承和弘扬民族文化的有效载体。

4. 跨界融合与品牌塑造

在资源开发与产品设计的过程中，跨界融合与品牌塑造也是提升产品竞争力和市场影响力的重要手段。跨界融合是指将不同领域、不同行业的资源和技术进行有机融合，创造出具有创新性和竞争力的新产品。在民族传统体育产业化发展中，可以加强与旅游、文化、教育等相关产业的跨界合作，共同开发具有民族特色的旅游产品、文化产品和教育产品等。例如，可以将民族传统体育项目融入旅游线路设计之中，打造具有浓郁民族风情的旅游体验项目；或者与教育机构合作开展民族传统体育文化的教育和培训工作等。通过跨界融合不仅可以拓宽产品的市场边界，还可以提升产品的附加值和品牌影响力。同时品牌塑造也是提升产品市场竞争力的关键。在品牌塑造过程中应注重品牌文化的建设和传播，通过品牌故事、品牌形象、品牌口号等多种方式传递品牌的核心理念和价值主张。可以打造具有鲜明民族特色的品牌标识和品牌形象，将传统体育文化元素与现代设计手法相结合形成独特的品牌风格；或者通过举办品牌发布会、参与国际展览等方式提升品牌的知名度和美誉度等。

（二）中游：生产制造与营销推广

在民族传统体育产业化发展的中游阶段，生产制造与营销推广是两个紧密相连且至关重要的环节。它们不仅决定了产品的质量和市场竞争力，还直接影响着消费者对民族传统体育文化的认知与接受程度。

1. 现代化生产制造体系的构建

随着科技的进步和市场需求的不断变化，传统的手工生产方式已难以满足民族传统体育产业化发展的需求。因此，构建现代化生产制造体系成为必然趋势。这包括引入先进的生产设备和技术，优化生产流程，提高生产效率和产品质量。例如，在体育用品的生产中，可以采用自动化生产线和智能化控制系统，确保产品的精度和一致性；在赛事服装的制作上，可以运用高科技面料和环保材料，提升穿着的舒适度和耐用性。同时，建立严格的质量管理体系和检测标准，确保每一件产品都符合国家标准和消费者需求。

在构建现代化生产制造体系的过程中，还需注重企业的创新能力和研发能力。通过加大科研投入，引进专业人才，加强与高校、科研院所的合作，不断提升产品的科技含量和附加值。例如，可以研发具有自主知识产权的体育器材和装备，提高产品的市场竞争力和品牌影响力。此外，还应关注生产过程中的环保问题，采用绿色生产工艺和材料，减少对环境的影响，实现可持续发展。

2. 制定精准高效的营销推广策略

营销推广是民族传统体育产业化发展的关键环节。通过有效的营销策略和手段，可以将民族传统体育文化的魅力传递给更广泛的受众群体，提升产品的知名度和美誉度。在营销推广过程中，应注重以下几点。

（1）明确目标市场定位。根据产品的特性和市场需求，确定目标消费群体和销售渠道。例如，针对青少年群体可以推出以趣味性和互动性为主的体育培训和竞赛活动；针对中老年群体则可以设计适合他们的健身器材和养生课程。同时，积极开拓线上销售渠道，利用电商平台和社交媒体进行产品推广和销售。

（2）制定差异化营销策略。在激烈的市场竞争中，差异化的营销策略是吸引消费者眼球的关键。可以通过产品差异化、服务差异化、品牌形象差异化等方式来打造独特的竞争优势。例如，在产品设计上融入更多民族元素和传统文化符号；在服务上提供更加个性化和贴心的服务体验；在品牌形象上塑造具有鲜明民族特色和文化底蕴的品牌形象。

（3）加强品牌建设和传播。品牌是企业的重要资产之一，也是提升产品市场竞争力的关键因素。在品牌建设过程中，应注重品牌文化的挖掘和传播，通过品牌故事、品牌形象、品牌口号等多种方式传递品牌的核心理念和价值主张。同时，加大品牌宣传和推广力度，利用多种媒体渠道进行品牌曝光和口碑传播。例如，可以通过赞助体育赛事、参与国际展览、举办品牌发布会等方式提升品牌的知名度和美誉度。

（4）利用数字化营销手段。随着互联网的普及和数字技术的发展，数字化营销已成为企业营销推广的重要手段之一。可以通过搜索引擎优化、社交媒体营销、内容营销等方式吸引潜在客户的关注；利用大数据分析技术了解消费者的购买行为和偏好；通过电子邮件营销和短信营销等方式向目标客户推送个性化的营销信息。这些数字化营销手段不仅可以帮助企业更精准地定位目标客户群体，还可以提高营销效率和效果。

3. 产业链上下游协同发展

在民族传统体育产业化发展的过程中，产业链上下游的协同发展至关重要。上游环节的资源开发与产品设计为中游环节的生产制造提供了有力支持；而中游环节的生产制造又为下游环节的消费体验与反馈提供了物质基础。因此，加强产业链上下游的沟通与协作是实现产业协同发展的关键。

一方面，上游环节应加强与中游环节的对接与合作，确保产品设计和生产制造的顺畅进行。例如，可以建立定期的交流机制和信息共享平台，及时了解市场需求和消费者反馈意见；共同研发新产品和新技术；共同制定行业标准和规范等。另一方面，中游环节也应加强与下游环节的互动与联系，关注消费者的需求和反馈意见，不断改进产品和服务质量。例如，可以通过问卷调查、用户访谈等方式收集消费者的意见和建议；建立消费者投诉处理机制；开展售后服务和客户关系维护等工作。通过这些措施可以加强产业链上下游的紧密合作和协同发展，推动民族传统体育产业的持续健康发展。

（三）下游：消费体验与反馈机制

在民族传统体育产业化发展的下游环节，消费体验与反馈机制扮演着至关重要的角色。这一环节不仅关乎消费者的满意度和忠诚度，还直接影响到产业链条的持续优化与升级。

1. 消费体验的全面升级

随着消费者需求的日益多样化和个性化，提升消费体验已成为民族传统体育产业化发展的关键环节。

首先，应注重产品本身的品质与体验。这包括产品的设计、材质、功能等方面，需充分考虑到消费者的使用习惯和实际需求，确保产品在使用过程中能够带来舒适、便捷、安全的体验。例如，在民族传统体育器材的设计上，可以融合现代科技元素，提升产品的智能化和人性化水平，使消费者在使用过程中能够感受到科技与文化的完美结合。

其次，消费体验的提升体现在服务质量的优化上。这包括售前咨询、售中服务、售后服务等各个环节。企业需建立完善的服务体系，提供专业、高效、贴心的服务，以满足消费者的不同需求。例如，可以设立专门的客服热线或在线服务平台，为消费者提供及时、准确的解答和帮助；在售后服务方面，可以建立快速响应机制，确保消费者在遇到问题时能够得到及时解决。

最后，消费体验的全面升级还离不开场景化营销的打造。通过构建具有民族特色的消费场景，如民族传统体育主题公园、文化节庆活动等，可以让消费者在参与体验的过程中更深入地了解民族传统体育文化，增强文化认同感和归属感。同时，这些场景也为消费者提供了更加丰富多样的体验方式，满足了他们追求新鲜感和刺激感的需求。

2. 反馈机制的建立与优化

消费反馈是评估消费体验、优化产品与服务的重要依据。在民族传统体育产业化发展过程中，建立完善的反馈机制至关重要。一方面，应拓宽反馈渠道，确保消费者能够便捷地表达自己的意见和建议。这包括设立专门的反馈平台、客服热线、社交媒体账号等多种渠道，以便消费者根据自己的习惯和喜好选择最适合的反馈方式。另一方面，应注重反馈数据的收集与分析。通过对反馈数据的整理和分析，可以深入了解消费者的需求和偏好变化趋势，为产品改进和服务优化提供有力支持。企业可以运用大数据、人工智能等现代信息技术手段对反馈数据进行深入挖掘和分析，发现潜在的市场机会和改进点。同时，反馈机制的优化还体现在对反馈信息的及时处理和回应上。企业应建立高效的反馈处理机制确保消费者的反馈能够得到及时、有效地处理和回应。这不仅可以提升消费者的满意度和忠诚度，还可以增强企业的品牌形象和口碑效应。在处理反馈信息时，企业应注重与消费者的沟通和交流，积极听取消费者的意见和建议并根据实际情况进行改进和调整。

3. 基于反馈的产业链优化与升级

消费体验与反馈机制不仅是评估当前产品与服务质量的工具，更是推动产业链优化与升级的重要动力。通过对反馈信息的深入分析和挖掘，企业可以发现产业链中存在的不足和瓶颈问题，进而采取有针对性的措施进行改进和优化。例如，在产品设计方面，可以根据消费者的反馈意见进行产品迭代升级，提升产品的市场竞争力和用户体验感；在生产制造方面，可以引入更加先进的生产设备和技术，提高生产效率和产品质量；在营销推广方面，可以根据市场反馈调整营销策略和手段，提高营销效果和品牌影响力。

基于反馈的产业链优化与升级，还需要注重产业链上下游的协同合作。通过加强产业链上下游企业之间的沟通与协作，可以共同推动产业链的持续优化与升级。例如，在原材料采购方面，可以与供应商建立长期稳定的合作关系，确保原材料的质量和供应稳定性；在销售渠道方面，可以与经销商或电商平台建立紧密的合作关系，拓展销售渠道和提升销售效率。

4. 消费者教育与文化普及

在民族传统体育产业化发展过程中，消费者教育与文化普及同样不可忽视。由于民族传统体育文化的特殊性和复杂性令很多消费者对其了解不足甚至存在误解。因此，加强消费者教育与文化普及是提升消费体验和推动产业发展的重要手段之一。企业可以通过多种渠道和方式向消费者普及民族传统体育文化的相关知识，包括其历史渊源、文化内涵、运动特点等方面。例如可以组织专家讲座、文化展览、体验活动等形式，让消费者更直观地了解民族传统体育文化的魅力；还可以通过媒体宣传、网络推广等渠道扩大民族传统体育文化的传播范围和影响力。

同时消费者教育与文化的普及还有助于培养消费者的文化认同感和自豪感。通过深入了解民族传统体育文化，消费者可以更好地认识到其独特的文化价值和社会意义，从而更加珍惜和传承这一宝贵的文化遗产。这不仅有助于推动民族传统体育文化的传承与发展，还有助于增强民族凝聚力和文化自信心。

二、品牌建设与市场推广

（一）民族体育品牌的打造

在民族传统体育产业化发展中，品牌建设与市场推广是提升产业竞争力、扩大市场份额的关键环节。民族体育品牌的打造，不仅是对传统体育文化的一种传承与创新，更是推动其现代化、国际化发展的重要手段。

1. 精准品牌定位，明确市场方向

品牌定位是品牌建设的基石，它决定了品牌在市场中的位置和形象。对于民族体育品牌而言，精准的品牌定位至关重要。首先，需要深入分析目标市场的需求和特点，明确品牌的目标消费群体。例如，针对青少年群体，可以打造具有趣味性和互动性的民族体育品牌，吸引他们参与和体验；针对中老年群体，则可以注重品牌的健康养生功能，满足他们的健身需求。其次，要结合民族传统体育文化的独特性和优势，确定品牌的差异化特征。通过挖掘和提炼民族传统体育文化的精髓，将其融入品牌理念、产品设计、服务体验等各个环节，形成独特的品牌风格和形象。最后，要关注市场趋势和竞争态势，及时调整品牌定位，确保品牌始终保持市场敏感度和竞争力。

2. 深化品牌文化，强化文化认同

品牌文化是品牌建设的灵魂，它体现了品牌的价值观、精神追求和文化底蕴。对于民族体育品牌而言，深化品牌文化，强化文化认同是提升品牌影响力和美誉度的关键。第一，要深入挖掘和整理民族传统体育文化的历史渊源、文化内涵和表现形式，形成系统的品牌文化体系。通过举办文化展览、学术研讨会等活动，加强品牌文化的传播和普及，提高公众对民族传统体育文化的认知度和认同感。第二，要将品牌文化与品牌理念、产品设计、服务体验等紧密结合，使品牌文化贯穿于品牌建设的全过程。例如，在产品设计上融入民族元素和传统文化符号，展现品牌的独特魅力和文化内涵；在服务体验上注重传承和弘扬民族体育精神，提升消费者的文化体验和情感共鸣。第三，要加强品牌文化的国际传播和交流，推动民族体育品牌走向世界舞台，提升中国文化的国际影响力和软实力。

3. 创新品牌传播，拓宽市场渠道

品牌传播是品牌建设的重要环节，它决定了品牌信息的传递效果和覆盖范围。在民族体育品牌的传播过程中，需要创新传播方式，拓宽市场渠道，以提升品牌的知名度和美誉度。起初，要充分利用传统媒体和新媒体的优势，构建多元化的传播体系。通过电视、广播、报纸等传统媒体进行品牌宣传和推广；同时利用互联网、社交媒体、短视频等新媒体平台，开展线上互动和营销活动，吸引更多年轻消费者的关注和参与。而后，要注重品牌故事的讲述和传播。通过挖掘和整理品牌背后的故事和传奇人物，展现品牌的独特魅力和文化内涵；通过情感化、故事化的传播方式，增强品牌的感染力和亲和力。最终，要加强品牌与消费者的互动和沟通。通过举办品牌活动、开展市场调研、收集消费者反馈等方式，了解消费者的需求和偏好；通过优化产品和服务体验，提升消费者的满意度和忠诚度；通过口碑传播和社交媒体分享等方式，扩大品牌的传播范围和影响力。

4. 加强品牌保护，维护品牌形象

品牌保护是品牌建设的重要保障，它关系到品牌的声誉和长远发展。在民族体育品牌的打造过程中，需要加强品牌保护意识，采取有效措施维护品牌形象和权益。其一，要加强商标注册和知识产权保护工作。通过及时申请商标注册和专利保护，确保品牌的合法权益不受侵犯；通过加强知识产权宣传和教育，提高公众对知识产权的尊重和保护意识。其二，要加强品牌监测和维权工作。通过建立健全的品牌监测体系，及时发现和处理品牌侵权行为；通过法律手段维护品牌的合法权益和声誉；

通过加强行业自律和合作，共同打击品牌侵权行为。其三，要注重品牌形象的维护和提升。通过加强品牌管理和服务体系建设，提升品牌的服务质量和消费者体验；通过加强品牌形象的塑造和传播，提升品牌的知名度和美誉度；通过加强品牌文化的传承和创新，保持品牌的活力和竞争力。

（二）多元化营销渠道的拓展

在民族传统体育产业化发展中，品牌建设与市场推广的成效直接关联到产业的可持续发展与市场的广泛覆盖。其中，多元化营销渠道的拓展是提升品牌知名度、增强市场竞争力的重要手段。

1. 线上营销——数字化时代的必然选择

随着互联网技术的飞速发展，线上营销已成为品牌建设与市场推广常用的方式。对于民族传统体育品牌而言，充分利用线上平台，构建数字化营销体系，是拓展市场、吸引年轻消费群体的关键。首先，建立官方网站和社交媒体账号，通过发布品牌故事、赛事信息、产品介绍等内容，增强品牌与消费者的互动与联结。其次，利用搜索引擎优化和搜索引擎营销技术，提高品牌在搜索引擎中的排名和曝光度，吸引潜在客户的关注。最后，借助大数据分析，精准定位目标消费群体，实施个性化营销策略，提高营销效果。还可以开展直播带货、短视频营销等新型线上营销方式，扩大品牌知名度和影响力。

2. 线下体验——强化品牌感知与认同

线下体验是消费者了解品牌、感受产品的重要途径。对于民族传统体育品牌而言，通过打造独特的线下体验场景，可以加深消费者对品牌的认知和认同。起初，建立品牌体验店或旗舰店，展示民族传统体育器材、服装、文化产品等，让消费者在亲身体验中感受品牌的独特魅力。其间，举办民族传统体育赛事、文化节庆等活动，吸引消费者参与和体验，增强品牌的互动性和参与感。同时，通过邀请知名运动员、教练等现场指导，提升消费者的运动技能和体验效果。最后，还可以与旅游景区、购物中心等合作，设立品牌展示区或体验区，拓宽品牌传播渠道和覆盖范围。

3. 跨界合作——实现资源共享与优势互补

跨界合作是品牌建设与市场推广的创新方式之一。通过与其他行业或品牌的合作，可以实现资源共享、优势互补，共同开拓市场。对于民族传统体育品牌而言，跨界合作不仅可以拓宽营销渠道和受众群体，还可以提升品牌形象和知名度。起先，可以与时尚、娱乐、科技等热门行业进行跨界合作，推出联名产品、举办联合活动等，吸引更多年轻消费者的关注和参与。随后，可以与地方政府、旅游机构等合作，共同推广民族传统体育文化和旅游资源，实现文化与旅游的深度融合。最后，还可以与教育机构、培训机构等合作，开展民族传统体育进校园、进社区等活动，培养青少年对民族传统体育的兴趣和爱好。

4. 国际推广——走向世界舞台的必由之路

随着全球化的深入发展，国际推广已成为品牌建设与市场推广的重要方向。对于民族传统体育品牌而言，走向世界舞台不仅可以提升品牌的国际知名度和影响力，还可以促进民族传统体育文化的国际传播和交流。首先，参加国际体育赛事和展览活动，展示民族传统体育的独特魅力和文化内涵。通过与国际知名体育品牌、赛事组织等建立合作关系，共同推广民族传统体育文化和产品。其次，利用跨境电商平台和国际社交媒体等渠道，开展线上国际营销和推广活动。通过精准定位国际市场、优化产品设计和营销策略等方式，吸引更多国际消费者的关注和购买。最后，加强与国际体育组织的合作与交流，推动民族传统体育项目进入国际体育舞台和赛事体系。

在多元化营销渠道的拓展过程中，民族传统体育品牌需要注重以下几点：一是保持品牌的一致性和连贯性，确保不同渠道传递的品牌信息一致、形象统一；二是注重消费者体验和服务质量，提升消费者的满意度和忠诚度；三是加强品牌监测和评估工作，及时调整营销策略和渠道布局；四是注重品牌文化的传承和创新，保持品牌的活力和竞争力。通过这些措施的实施，可以推动民族传统体育品牌在全球范围内的快速发展和壮大，为传承和弘扬民族传统体育文化做出积极贡献。

（三）国际市场的开拓与品牌建设

在全球化的今天，民族传统体育品牌的国际化发展不仅是提升品牌价值的战略选择，也是推动民族文化走向世界的重要途径。对于广西壮族传统体育文化而言，其独特的魅力与深厚的文化底蕴为国际市场开拓提供了坚实的基础。

1. 深入市场调研，精准定位目标市场

在进入国际市场之前，深入的市场调研是必要的步骤之一。这包括对目标市场的文化背景、消费习惯、市场需求、竞争格局等方面的全面了解。针对广西壮族传统体育品牌，需要特别关注那些对多元文化保持开放态度、注重健康生活方式、对传统体育项目有兴趣的国家和地区。通过市场调研，可以精准定位目标市场，为后续的品牌建设与市场推广提供有力支持。

2. 促进文化融合，增强品牌国际吸引力

文化融合是国际市场开拓的关键。广西壮族传统体育品牌要想在国际市场上立足，就必须在保持自身文化特色的同时，积极寻求与其他文化的融合点。这可以通过多种方式实现，如举办跨国文化交流活动、邀请国际知名运动员参与体验、将民族元素融入产品设计等。通过这些努力，不仅可以让国际消费者更好地理解和接受民族传统体育品牌，还能增强品牌的国际吸引力和认同感。

3. 制定国际化战略，明确品牌发展方向

国际化战略是指导品牌在国际市场开拓过程中各项工作的总纲。对于广西壮族传统体育品牌而言，制定国际化战略需要明确品牌发展目标、市场定位、产品策略、营销渠道等多个方面。具体来说，可以包括以下几个方面：一是明确品牌在国际市场中的定位，是走高端路线还是亲民路线；二是根据目标市场的需求和特点，研发适合当地市场的产品；三是选择合适的营销渠道和推广方式，如参加国际展会、建立海外销售渠道、利用社交媒体进行品牌宣传等；四是加强品牌管理和知识产权保护，确保品牌在国际市场上的合法权益不受侵犯。

4. 拓展国际渠道，实现品牌全球化布局

拓展国际渠道是实现品牌全球化布局的重要手段。对于广西壮族传统体育品牌而言，可以通过多种方式拓展国际渠道，包括建立海外分支机构、与国际知名体育品牌或机构建立合作关系、利用跨境电商平台等。通过建立海外分支机构，可以直接接触目标市场的消费者，了解当地市场需求和反馈，为品牌的发展提供有力支持。与国际知名体育品牌或机构的合作，可以借助其品牌影响力和市场资源，快速打开国际市场。而利用跨境电商平台，则可以突破地域限制，将产品销往全球各地。

在具体实施过程中，广西壮族传统体育品牌还需要注意以下几点。

（1）强化品牌故事与文化内涵的传播。在国际市场开拓过程中，要注重品牌故事和文化内涵的传播，让国际消费者更好地理解和接受品牌。可以通过制作精美的宣传资料、举办文化交流活动等方式，向国际消费者展示品牌的独特魅力和深厚文化底蕴。

（2）注重产品质量与服务的提升。产品质量和服务水平是品牌赢得市场信任的关键。在国际市场开拓过程中，要始终坚持质量第一的原则，不断提升产品的质量和服务的水平。通过建立健全的质量管理体系和服务体系，确保产品质量的稳定性和可靠性，提升消费者的满意度和忠诚度。

（3）加强品牌保护与维权工作。在国际市场上，品牌保护和维权工作尤为重要。要建立健全的品牌保护机制，加强商标、专利等知识产权的注册和保护工作。同时，要密切关注市场动态和竞争对手的动向，及时发现和处理侵权行为，维护品牌的合法权益和声誉。

（4）持续创新与适应市场变化。市场是不断变化的，品牌要想在国际市场上保持竞争力，就必须不断创新和适应市场变化。要密切关注国际市场的动态和趋势，及时调整品牌发展战略和营销策略。同时，要加强与消费者的沟通和互动，了解他们的需求和反馈，为品牌的创新和发展提供有力支持。

三、民族传统体育产业融合与跨界发展

（一）体育与旅游的深度融合

1. 体育旅游的发展现状

随着国家对体育和旅游产业融合发展的高度重视，广西壮族传统体育与旅游的结合正日益紧密。体育旅游作为新兴产业，凭借其独特的吸引力和增长潜力，在广西的经济发展中占据越来越重要的位置。据世界旅游组织（UNWTO）数据显示，体育旅游产业正以每年14%的速度增长，远超旅游产业的整体增速。广西凭借其丰富的自然景观、独特的地理条件和深厚的民族文化底蕴，为体育旅游的发展提供了得天独厚的条件。

广西近年来成功举办了多项大型体育赛事，如"桂林马拉松""环广西公路自行车世界巡回赛"等，这些赛事不仅吸引了国内外众多参赛者和观众，还带动了当地旅游业的快速发展。游客在参与体育赛事的同时，也能欣赏到广西的壮美风光，体验壮族传统文化的魅力，从而实现体育与旅游的深度结合。

2. 体育旅游资源的整合与创新

为了促进体育与旅游的深度融合，广西在资源整合和创新方面做出了积极探索。一方面，广西深入挖掘自身独特的体育旅游资源，如山地、河流、海滩等自然资源，以及壮族、瑶族等少数民族的传统体育项目，如板鞋竞速、壮族舞龙舞狮等，通过整合这些资源，打造了一批具有地方特色的体育旅游产品和线路。另一方面，广西注重体育旅游产品的创新，结合现代科技手段，提升游客的参与度和体验感。例如，利用VR技术，让游客在体验传统体育项目时仿佛置身于真实的比赛场景中；通过移动互联网技术，实现体育赛事的在线直播和互动，使无法亲临现场的游客也能感受到比赛的激烈与精彩。

3. 政策与市场的双重驱动

体育与旅游的深度融合得益于政策与市场的双重驱动。近年来，广西壮族自治区政府出台了一系列政策措施，支持体育旅游产业的发展。例如，增加体育设施投入、鼓励体育旅游创新、加强体育旅游市场监管等，为体育旅游产业的健康发展提供了有力保障。同时，市场需求也为体育旅游产业的发展注入了强大动力。随着居民收入水平的提高和旅游消费观念的转变，越来越多的人开始追求高品质、个性化的旅游体验。体育旅游以其独特的魅力，满足了人们对健康、休闲、娱乐等多方面的需求，成为旅游市场的新宠。

（二）体育与文化的相互促进

在全球化与文化多元化的背景下，广西壮族传统体育文化的现代化发展不仅依赖于自身的创新与传承，更需借助与其他文化形态的融合与互促，以实现更加广泛的社会影响力和经济价值。体育与文化的相互促进，不仅丰富了体育的内涵，也促进了文化的传播与发展，形成了独特的文化生态。

1. 文化赋能体育，提升体育文化内涵

广西壮族传统体育项目，如板鞋竞速、抛绣球、舞龙舞狮等，不仅是体育竞技的表现形式，更是民族文化的重要载体。这些体育项目蕴含着丰富的文化内涵和民族精神，通过与现代体育理念的结合，可以进一步提升其文化内涵和观赏性。例如，在板鞋竞速项目中融入壮族传统的服饰、音乐和舞蹈元素，不仅让比赛更加生动有趣，也让观众在观赏过程中感受到浓厚的民族文化氛围。同时，文化元素的融入也促进了体育项目的创新与发展。一些传统体育项目在保留核心竞技元素的基础上，通过引入现代科技手段和艺术表现手法，实现了传统与现代的完美结合。这种创新不仅提升了体育项目的吸引力和竞争力，也为传统体育文化的传承与发展注入了新的活力。

2. 体育助力文化传播，拓宽文化影响力

体育作为一种国际性的语言，具有跨越国界、种族和文化的强大传播力。广西壮族传统体育文化通过体育赛事、文化交流等活动，可以向世界展示其独特的文化魅力和民族精神。例如，在国际性的体育赛事中，壮族传统体育项目的展示和表演往往能吸引众多国内外观众的目光，成为文化交流的重要窗口。

随着互联网的普及和社交媒体的发展，体育文化传播的渠道和方式也变得更加多样化和便捷化。通过网络直播、短视频、社交媒体等平台，壮族传统体育文化的传播不再受地域和时间的限制，可以迅速覆盖全球范围。这种广泛的传播不仅提升了壮族传统体育文化的知名度和影响力，也促进了不同文化之间的交流与理解。

3. 推进文化体育融合发展，促进地方经济繁荣

文化体育融合发展不仅丰富了人民群众的精神文化生活，也促进了地方经济的

繁荣与发展。在广西，许多地区依托其独特的民族传统体育资源和文化资源，发展起了体育旅游、文化创意等产业，形成了具有地方特色的文化体育产业链。例如，广西龙胜各族自治县依托其丰富的壮族传统文化和优美的自然风光，成功打造了"龙脊梯田国际文化旅游节"等文化体育活动品牌。这些活动不仅吸引了大量游客前来观光旅游，也带动了当地住宿、餐饮、交通等相关产业的发展。同时，通过文化体育活动的举办，还促进了当地民族文化的传承与保护，形成了良性循环的发展模式。

4. 政策引导与市场机制相结合，推动文化体育深度融合

为了推动文化体育的深度融合发展，广西壮族自治区政府出台了一系列政策措施，为文化体育产业的发展提供了有力保障。这些政策包括加大财政投入、优化资源配置、完善法律法规等方面，为文化体育产业的健康发展营造了良好的环境。同时，市场机制在文化体育融合发展中也发挥了重要作用。通过市场机制的作用，可以吸引更多的社会资本投入文化体育产业中来，推动产业规模的不断扩大和产业链的不断延伸。此外，市场机制还能促进文化体育产业的创新与发展，通过市场竞争和优胜劣汰的方式，推动文化体育产业不断向更高层次迈进。

（三）体育产业与其他行业的跨界合作

在全球化与信息化高速发展的今天，体育产业不再是一个孤立的存在，而是与其他行业紧密相连、相互渗透的综合性产业。广西壮族传统体育文化的现代化发展，同样需要借助体育产业与其他行业的跨界合作，以实现资源共享、优势互补和协同发展。

1. 体育产业与旅游业的深度融合

体育产业与旅游业的跨界合作是近年来最为显著的趋势之一。广西作为旅游资源丰富的地区，其独特的自然景观和民族文化为体育旅游的发展提供了得天独厚的条件。通过举办体育赛事、建设体育旅游基地、开发体育旅游产品等方式，体育产业与旅游业实现了深度融合。例如，广西桂林国际马拉松赛事的成功举办，不仅吸引了国内外众多选手参与，还带动了当地住宿、餐饮、交通等旅游相关产业的发展。同时，赛事期间的文化展示和体验活动，也让游客在参与体育竞技的同时，深入了解广西的民族文化。

为了进一步深化体育产业与旅游业的合作，广西可以加强体育旅游产品的创新与开发，打造具有地方特色的体育旅游品牌。例如，结合广西的山水风光和民族文化，开发徒步、骑行、攀岩等户外体育项目，以及民族传统体育体验游、体育节庆活动等，满足游客多样化的需求。还可以利用互联网和大数据技术，实现体育旅游产品的精

准营销和个性化服务，提升游客的满意度和忠诚度。

2. 体育产业与文化创意产业的融合发展

体育产业与文化创意产业的跨界合作，为传统体育文化的传承与创新提供了新的思路。广西拥有丰富的民族传统体育资源和深厚的文化底蕴，通过与文化创意产业的结合，可以开发出具有独特创意和文化内涵的体育产品。例如，将壮族的传统体育项目与现代设计元素相结合，设计出具有民族特色的运动装备、服饰和纪念品；或者将民族体育故事和传说融入影视、动漫等文化创意产品中，形成具有广泛传播力的文化产品。

为了推动体育产业与文化创意产业的融合发展，广西可以加大政策引导和支持力度，鼓励企业和社会资本投入相关产业领域。同时，建立产学研用相结合的协同创新机制，促进体育、文化、科技等多领域的深度融合。还可以加强人才培养和引进工作，培养一批既懂体育又懂文化创意的复合型人才，为产业融合发展提供有力的人才保障。

3. 体育产业与数字经济的深度融合

随着数字技术的快速发展和普及应用，体育产业与数字经济的跨界合作成为新的趋势。通过运用大数据、云计算、人工智能等先进技术手段，可以实现对体育产业的智能化管理和精准化服务。例如，利用大数据技术收集和分析体育赛事的观众数据、运动员数据等，为赛事策划、营销和运营提供科学依据；或者利用 VR、AR 等技术手段，为观众提供沉浸式的观赛体验。

为了推动体育产业与数字经济的深度融合发展，广西可以加强数字基础设施建设，提升网络覆盖率和数据传输速度。同时，鼓励和支持体育企业加强技术创新和研发投入，推动数字技术在体育产业中的广泛应用。还可以加强与国际先进企业的合作与交流，引进先进的数字技术和管理经验，提升广西体育产业的国际竞争力。

4. 体育产业与教育产业的协同发展

体育产业与教育产业的协同发展是提升国民整体素质和培养体育人才的重要途径。广西可以通过将民族传统体育项目纳入学校体育课程、举办体育夏令营和冬令营等方式，加强青少年对民族传统体育文化的认知和理解。同时，还可以与高校和科研机构合作，建立体育人才培养基地和科研平台，为体育产业提供源源不断的人才支持。

为了推动体育产业与教育产业的协同发展，广西可以加大政策引导和支持力度，鼓励学校和企业开展合作办学和产学研合作。同时，加强体育教师的培训和引进工作，提升他们的专业素养和教学能力。还可以加强体育科研和创新能力建设，推动新技术、新方法和新模式的研发与应用，为体育产业和教育产业的协同发展提供有力支持。

参考文献

[1] 符传铭，赵倩倩．民族传统体育发展与传播［M］．长春：吉林人民出版社，2021．

[2] 高文峰，刘克全．中国民族传统体育游戏［M］．兰州：兰州大学出版社，2018．

[3] 陈秋丽．中国民族传统体育文化资源和产业发展研究［M］．西安：陕西人民出版社，2019．

[4] 苏航．民族传统体育文化传承创新研究［M］．南昌：江西科学技术出版社，2017．

[5] 刘启坤．少数民族传统体育理论与技能［M］．昆明：云南大学出版社，2015．

[6] 陆盛华．传统体育文化发展研究［M］．北京：华文出版社，2021．

[7] 吴坚，周玫，韦雪敏．广西北部湾民俗风物［M］．广州：世界图书出版广东有限公司，2018．

[8] 周国霞，周斌，刘喜山．游泳健身与球类训练研究［M］．广州：广东旅游出版社，2018．

[9] 陈鲁怡，欧阳懿泉，陈洪波．广西壮族传统体育运动抛绣球的历史溯源与传承研究［J］．当代体育科技，2021（29）：175-178．

[10] 赵天姿，张忠祥．全域旅游视域下广西壮族传统体育旅游资源开发研究［J］．内江科技，2020（11）：110-111．

[11] 经建坤，罗建达．广西壮族传统体育抛绣球运动的原生态文化发展渊源［J］．武术研究，2020（7）：96-99．

[12] 陈炜，许莹．广西壮族传统体育文化资源旅游开发研究：以田阳舞狮为例［J］．原生态民族文化学刊，2011（3）：94-99．

[13] 高会军，陈诗强，文永光．广西壮族传统体育文化特性之研究［J］．武术科学（《搏击》）（学术版），2006（8）：73-74．

[14] 余舒萍 . 广西壮族传统体育文化传播策略研究：以壮族"三月三"为例 [J]. 新闻战线，2017（16）：114-115.

[15] 燕林博 . 新媒体时代下广西壮族民族传统节庆体育旅游发展策略 [J]. 当代体育科技，2020（15）：202-203.

[16] 邓水坚 . 少数民族传统体育品牌赛事与民族形象构建：以广西壮族为个案分析 [J]. 体育科技，2019（4）：97-99.

[17] 潘如军 . 少数民族传统体育史的研究：以广西壮族为例 [J]. 玉林师范学院学报，2017（4）：34-38.

[18] 师永斌 . 我国广西壮族聚居区传统体育与健康相关生命质量的关系研究 [J]. 东南大学学报（医学版），2017（4）：564-567.

[19] 王康锋 . 中学民族传统体育开展困惑与对策研究：以广西壮族自治区为例 [J]. 当代体育科技，2015（2）：216，218.

[20] 王康锋 . 中学民族传统体育开展的必要性与可行性研究：以广西壮族自治区为例 [J]. 青少年体育，2015（2）：65-66.

[21] 程钦东 . 节庆体育活动在传统体育文化发展中的作用：以广西壮族自治区平果县迎春武术汇演为例 [J]. 运动，2016（21）：141-142.

[22] 王中正 . 少数民族传统体育起源与发展研究：基于广西壮族打扁担的田野调查 [J]. 鸭绿江（下半月版），2015（4）：1406.

[23] 李爱民，谢有长 . 广西体育优良传统的挖掘与发扬研究 [J]. 广西社会科学，2023（8）：189-196.

[24] 王艳琼，丘文婷，孙政，王楚裕，谢璟雯，谭周荣 . 广西节庆体育的新浪微博传播研究——以壮族三月三·民族体育炫为例 [J]. 体育科技，2022（2）：44-45，48.

[25] 梁衷维，赵云 . 基于壮族传统体育项目的中职学校校本课程开发研究 [J]. 体育风尚，2023（5）：119-121.

[26] 梁秋萍 . 基于壮族传统体育文化的酒店康乐产品设计 [J]. 大众文艺，2021（3）：72-73.

[27] 谢银燕 . 基于壮族传统体育与学校体育共生的契合发展探究 [J]. 兴义民族师范学院学报，2020（2）：1-4，45.

[28] 韦晨 . 新时代广西民族传统体育文化产业传承创新实践研究 [J]. 文体用品与科技，2023（6）：7-9.

[29] 李富强，林成 . 广西少数民族传统体育的传承与发展纵论 [J]. 百色学院

学报，2020（5）：15-20.

[30] 赵天姿，张忠祥．广西民族传统体育与旅游融合发展路径研究 [J]．武术研究，2021（3）：118-120.

[31] 蒙雅琴，张宏，于涵涵，陆元兆．民族传统体育促进乡村振兴的机理、困境与实现路径：基于广西藤县舞狮运动调研 [J]．运动精品，2023（4）：53-56.

[32] 狄嘉辰．广西少数民族传统体育资源在体育旅游产业开发中的运用研究 [J]．体育风尚，2020（4）：117.

[33] 覃圆．广西壮族自治区高校体育课程资源的现状及共享模式 [J]．亚太教育，2020（15）：49-50.

[34] 徐海雄，郭尽言，蓝英山，韦存龙，刘广林．多元文化教育视角下的高职院校壮族传统体育教学改革研究 [J]．体育风尚，2024（4）：64-66.

[35] 狄嘉辰．健康中国视域下广西少数民族传统体育旅游产业发展新思路 [J]．体育风尚，2020（3）：97.

[36] 覃少菊，经建坤．非物质文化遗产视角下广西民族传统体育流变及发展前景研究 [J]．武术研究，2019（8）：82-84.

[37] 杨娟．壮族传统体育项目板鞋竞速外宣英译研究 [J]．海外英语，2020（4）：43，60.

[38] 孙庆彬，徐世军，王晓晨，成芳．民族传统体育文化适应的路径与机制：以壮族武术为例 [J]．社会科学家，2019（3）：156-160.

[39] 蓝建卓．广西民族传统体育特色之乡建设与发展研究 [J]．体育科技文献通报，2018（9）：14-17.

[40] 卞蓓蓓．广西高校体育舞蹈教学融入壮族舞元素的路径探索 [J]．广西教育，2024（3）：160-163.

[41] 吴伟．广西民族传统体育与文化旅游产业的融合发展策略 [J]．旅游纵览，2022（8）：83-85.